Te regalo
lo que se te antoje

Colección Metafísica
CONNY MÉNDEZ
(1898-1979)

EDICIONES GILUZ
BIENES LACÓNICA, C. A.
DISTRIBUIDORA GILAVIL, C. A.
2024

Te regalo lo que se te antoje

Conny Méndez

Segunda edición, reimpresión diciembre de 2024
Derechos exclusivos conforme a la ley reservados para todo el mundo
Copyright © 2001, 2024 **Distribuidora Gilavil, C. A.**

Editado por:
Ediciones Giluz
ISBN-10: 980-369-083-3
ISBN-13: 978-980-369-083-0
Depósito Legal: If57520111102445

Distribuidora Gilavil, C. A.
Caracas 1050, Venezuela
Tel: +58 (212) 762 49 85
Tel./Fax: +58 (212) 762 39 48

Para más información por favor escriba o visite:
  E-mail: infolibros@metafisica.com
  Web: www.connymendez.com
  Instagram: @connymendez - https://conny.co/igr
  X: @connymendez - https://conny.co/x
  TikTok: @connymendezoficial - https://conny.co/tok
  Facebook: ConnyMendezMetafisica - https://conny.co/fb
  YouTube: @ConnyMendezMetafisica - https://conny.co/yt

Diagramación de portada y textos: Diego Gil Velutini

Prohibido totalmente la reproducción total o parcial de esta publicación, incluso el diseño de la cubierta. Esta obra no podrá ser transmitida o almacenada de manera alguna por ningún otro medio ya sea mecánico, eléctrico, digital, químico, óptico, de grabación o reprografía, tratamiento informático o de fotocopia, alquiler o préstamo público sin permiso previo por escrito de la editorial, bajo las sanciones establecidas por la ley.

Colección Metafísica Conny Méndez

Originales:

- ✔ Nuevo: *Metafísica 4 en 1*, Vol. I. (italiano)
- ✔ Nuevo: *Metafísica 4 en 1*, Vol. I. (francés)
- ✔ Nuevo: *Metafísica 4 en 1*, Vol. I. (japonés, en dos tomos)
- ✔ Nuevo: *Metafísica 4 en 1*, Vol. III

Próximamente: *Metafísica 4 en 1*, Vol. IV

Metafísica al Alcance de Todos. Nueva edición
Metaphysics for everyone, (*Metafísica al alcance de todos*, en inglés)
Te Regalo lo que se te Antoje. Nueva edición
El Maravilloso Número 7. Nueva edición
Quién es y quién fue el Conde Saint Germain. Nueva Edición
Piensa lo bueno y se te dará. Nueva edición
Metafísica 4 en 1, Vol. I y II. Nuevas ediciones
Power through Metaphysics (*Metafísica 4 en 1*, Vol. I, en inglés)
El Nuevo Pensamiento. Nueva edición
¿Qué es la Metafísica? Nueva edición
El Librito Azul. Nueva edición
Un Tesoro más para ti. Nueva edición
La Carrera de un Átomo. Nueva edición
Numerología. Nueva edición

Traducciones:

El Libro de Oro de Saint Germain. Nueva edición
Misterios Develados. Nueva edición
Los Secretos de Enoch (por Luisa de Adrianza)
La Mágica Presencia. Nueva edición
Palabras de los Maestros Ascendidos. Vol. I y II. Nuevas ediciones

Otras obras

Autobiografía/humor/caricatura:

La chispa de Conny Méndez. Humor y memorias. Nueva edición

Música:

Cien Años de Amor y Luz
Conny Méndez instrumental
La Cucarachita Martina (libro de música infantil)
Imágenes Románticas (interpretación de María J. Báez)

Disponibles impreso en papel, e-book y audiolibro en www.metafisica.com

Te regalo lo que se te antoje

Colección Metafísica
CONNY MÉNDEZ
(1898-1979)

Ediciones Giluz
Bienes Lacónica, C. A.
Distribuidora Gilavil, C. A.

Contenido

Introducción 9
Te regalo lo que se te antoje........................... 11
La Llave Maestra 14
La forma correcta de orar 17
Dios en los negocios 19
El Verbo Poderoso 21
¿Qué es amor?... 23
La Presencia 24
Tratamiento para desarrollar el Amor Divino 27
Los quince puntos 29
Mi mundo contiene todo 31
El coco 33
El dinero... 37
La magia del diezmo 47
El escalón en que tú te encuentras 55
¿Qué es el Cristo?... 60
La vida 68
La muerte 74
Medicina Alopática-Psicológica 88
Dice San Pablo: «Orar sin cesar». ¿Qué es eso? 97
Respecto al espiritismo 105
El uso de las palabras creadoras «Yo Soy»................ 108
«Yo Soy» perfecto...................................... 113
Meditación 116
La voz de tu alma....................................... 119
El retrato de la conciencia terrena de hoy.............. 122
No puede ser tu deber… 129

Colección Metafísica 4 en 1 132
Conny Méndez, una venezolana fuera de lo común 141

Introducción

Suponemos que ya habrás leído y estudiado mi primer libro de esta serie, titulado: «Metafísica al alcance de todos».

Para comprender bien estas enseñanzas de la Nueva Era, y para obtener plenamente los beneficios que ellas encierran, es recomendable comenzar por el principio, que es el Principio de Mentalismo, porque todo el Universo, todo en la Creación, está basado en él, y sin conocerlo se anda a ciegas. Búscalo, adquiérelo, no te pesará.

Estas charlas, conferencias y consultas se te ofrecen gratuitamente. No estás obligado a pagar nada si es que no puedes, o no deseas aportar nada. Pero, en cuanto comiences a ver los beneficios sorprendentes y las demostraciones que ocurren en tu vida, vas a desear que todo el mundo las pueda gozar igualmente, y voluntariamente querrás aportar una ofrenda amorosa para ayudar a costear los gastos generales y el alquiler del local donde asistes a las conferencias.

En una forma o en la otra, bienvenido seas. Puedes traer a quien quieras.

Gracias por tu atención.

CONNY MÉNDEZ
CARACAS, 1969

Te regalo lo que se te antoje

*E*scribe en un papel, y en orden de importancia para ti, todas las cosas que deseas y sin temor de pedir demasiado, pues la fuerza que te voy a dar a conocer no sabe de límites.

*L*ee tu lista al despertarte y antes de dormir.

*P*iensa a menudo en tus deseos. Goza imaginándolos, y siempre que los recuerdes di: «Gracias, Padre, que ya has dado la orden de que me sean conferidos».

*N*o le cuentes a nadie lo que estás haciendo. Esto es muy importante porque si lo comentas con alguien se disipa toda la fuerza y no verás realizados tus deseos. Eso es todo.

*A*hora...

Para mayor satisfacción tuya, sé espléndido contigo mismo. No digas en tu lista que deseas una casita «aunque sea chiquitita». Pídela del tamaño que te convenga y te agrade plenamente. Si es dinero, menciona la suma; si es trabajo, indica qué clase, el sueldo a que aspiras, las condiciones y la localidad más conveniente para ti.

En tu primera lista pon cosas sencillas para que te vayas acostumbrando tú mismo a ver caer y ocurrir maravillas, pues, como jamás has hecho esto, no vas a creer que sea posible, y te advierto que esta duda te puede costar el que no veas lo que has pedido. Es natural que te vengan dudas y desconfianza porque la idea es muy nueva para ti. Pero cuando sientas escepticismo, pesimismo, saca tu lista, reléela y da las gracias de nuevo. El dar las gracias por lo que aún no se ha visto es la forma más positiva de manifestar la fe. Lo recomendó Jesucristo en varias ocasiones, como tú recordarás, notablemente antes de alimentar a cinco mil personas con cinco peces y cinco panes, cuando miró hacia el cielo y dio las gracias en el momento de partir el primer bollito de pan.

¡Ah!, te va a sorprender que, cada vez que leas tu lista, primero vas a tener que tachar algunos puntos porque ya se te habrán realizado. Entonces tendrás que hacerlo de nuevo, poniendo otros puntos en los lugares más importantes. No te preocupes. Es natural. A todo el mundo le ocurre. Lo que sucede es que tu «Yo Superior» te va indicando que muchos de estos deseos están ya al alcance de tu mano, mientras que hay otros que no lo están tanto.

¡Ah!, no te pongas a «jurungar» respecto a la manera como se te van a dar, porque esto es contraproducente. La Gran Fuerza Espiritual está más allá de tu comprensión humana. Acepta lo que te dan con gratitud, no la interrumpas ni la cohíbas, y sobre todo no se te ocurra pensar, decir o exclamar, cuando veas tus deseos realizados: «¿Cómo va a ser? ¡Esto no parece posible! ¡Si lo que parece es que todo esto se iba a realizar de todas maneras!» **¡Nada de eso!** Lo que pasa es que la Gran Fuerza Espiritual (cuyo nombre verdadero, entre paréntesis, es la «Ley de Precipitación») es completamente impersonal y coloca sus dones en los lugares más armoniosos, más naturales, aprovechando los canales ya establecidos en tu propia vida. A ella no le interesa el exhibicionismo ni la sorpresa. Sólo cumple con su cometido de darte lo que pidas, donde mejor convenga.

Pide y se te dará; busca y encontrarás;
toca y te será abierto.

MATEO 7, 7 A 11.

La Llave Maestra

El motivo por el cual hay varias lecciones del doctor Emmet Fox en este folleto es porque ha sido compilado para ayudar, para sacar de apuros lo más rápidamente posible, y el doctor Fox, mi maestro, ha sido y sigue siendo (aunque ya su materia no está con nosotros) un especialista en el arte de «sacar de apuros».

El artículo anterior te lo hice para que logres todo lo que deseas en un mínimo de tiempo. Esto se hace para aliviar toda condición que está siendo insoportable.

Dice el doctor Fox:

«He reducido este ensayo lo más posible. Hubiera querido reducirlo a pocas líneas. No es un tratado instructivo sino una fórmula para sacarte de calamidades. El estudio está bien en su propio lugar y momento, pero no te enderezará tus dificultades. Sólo el trabajo de elevar y transformar tu conciencia de las cosas es lo que te arregla un problema en lo exterior».

Lee a menudo «La Llave Maestra». Haz lo que te indica, y si tienes persistencia te verás dominando toda dificultad.

La Oración Científica te sacará de cualquier dificultad existente. Es la Llave Maestra a la armonía y la felicidad. A todos los que no conozcan el Poder más Grande en el Universo, les recomiendo que prueben lo que aquí expongo para que obtengan los resultados que afirmamos.

Dios es omnipotente y el hombre es su imagen y semejanza, con dominio sobre todas las cosas. Esto dice la Doctrina Espiritual y es para ser tomado en serio. No es prerrogativa del santo o del místico. Es para todos los humanos. Quien quiera que seas, donde quiera que estés, la llave maestra a la armonía está en tus manos ahora. Esto significa que en la Oración Científica es Dios quien hace y no **Tú**. Tu único trabajo es el de quitarte de en medio para que Dios pueda trabajar a través de ti, que eres sólo un canal. Por eso es que tus defectos, tus limitaciones no interfieren en los resultados. No importa a qué religión pertenezcas. Dios es Dios, el único. Tú eres su hijo y eso le basta a Él.

Ahora para la forma de trabajar: cuando te encuentres en una dificultad, trata de **no seguir pensando en el problema y piensa en Dios**. Reemplaza el problema por el pensamiento en Dios. No importa que sea algo muy grande o muy pequeño. No importa lo que sea; lo que sí importa es que dejes de pensar en ello. Piensa en Dios. No importa qué cosas pienses de Dios. Lo que tú sepas de Él, que es Omnipotente, Omnipresente, que es Amor, Sabiduría, Verdad, Inteligencia. Que es Todopoderoso, Infinito, no importa que lo sepas muy bien, vuélvelo a pensar. Y piénsalo cada vez que te vuelva a acosar el pensamiento del problema. No te pongas tenso. No trates de adivinar lo que va a suceder ni cómo lo va a arreglar Dios. Déjaselo a Él. Ponlo en Sus manos, como decimos en Metafísica, y olvídalo. Has confiado tu problema al especialista más grande, más sabio, más hábil y que lo resolverá en perfecta armonía para todo el mundo, a entera satisfacción tuya, pero no te metas en su camino. No interfieras con tu personalidad humana. «No metas la pata», dicho en palabras de a centavo.

La forma correcta de orar

El tratamiento espiritual es la efectividad de elevar la mente, o la conciencia por encima del nivel del problema. Si logras elevar tu pensamiento suficientemente en altura, el problema se resolverá por sí mismo. En realidad ése es tu único problema: el de elevar tu pensamiento. Cuanto más «difícil» sea el problema, lo cual significa que tanto más enterrado en tu subconsciente esté ese concepto, más elevada tendrás que llevar tu conciencia. Aquello que se llama una molestia menor cederá a una pequeña elevación. Aquello que represente un problema grave necesitará una elevación mayor, y si es un gran peligro o una situación desesperada requerirá más trabajo espiritual para vencerlo; pero ésa es la única diferencia.

Pero no trates de arreglar tus problemas o los de los demás tratando de componer los pensamientos. Así no es. Eleva tu conciencia y la acción de Dios lo hará todo. Esto significa que tienes que recordar la Verdad del Ser. La Verdad de Dios, la Verdad del Plano Espiritual, o sea, **¿cómo son las condiciones en el espíritu?**, o ¿cómo es Dios?, ¿cómo es el Yo Superior? Pues es perfecto ahora, en este momento. No tiene defectos.

No existe allí la muerte, ni la enfermedad, ni la pobreza, ni la lucha, ni la enemistad, ni la guerra, ni lo feo, ni lo malo. Y al «ver» la condición opuesta a la que estás mirando en lo material, se transforma en la Verdad.

Jesús sanó a los enfermos, reformó a los pecadores, controló las tempestades y resucitó a los muertos porque podía elevar su conciencia tan alto como fuera necesario para lograrlo.

Para elevar tu conciencia tienes que quitar tu atención al cuadro material por el momento, y luego concentrarte suavemente en el cuadro que presenta la Verdad espiritual. Esto puedes lograrlo dejando de pensar en el problema y leyendo uno de tus libros metafísicos, o diciendo algunas afirmaciones (no como un loro, sino meditándolas), o conversando con alguna de tus maestras o tus condiscípulas avanzadas.

Yo conozco personas que han logrado la elevación de conciencia leyendo y releyendo partes de la Biblia, porque la ley de atracción te abrirá la Biblia allí donde corresponda a tu problema. Un hombre se salvó en el hundimiento de un gran trasatlántico repitiendo «Dios es amor» hasta que pudo comprender algo de lo que significa esta gran afirmación. También puedes emplear todos estos sistemas a la vez, si quieres. Sólo que no te dejes poner tenso. No importa cómo te eleves, con tal de que eleves tu pensamiento más allá del plano de los problemas.

Dios en los negocios

Los negocios, sean compra-venta, contratos o lo que sea, son mediaciones entre personas. Tienen que ser satisfactorias para ambas. Son ajustes entre individuos. Sea que estés buscando un empleo o buscando una persona con ciertas condiciones apropiadas, equivale, dice el doctor Fox, a buscar y encontrar a Dios en ambos lados del problema, o sea, en la persona que busca y en la persona que ofrece.

El mismo Dios está manejando el asunto. Dios no se puede dividir para antagonizarse, de manera que tiene que haber un punto de armonía en donde se encuentran las dos personas. El mismo Dios está buscando satisfacerse en cada uno de sus dos hijos.

No trates de imponer tu voluntad. Afirma que es la Voluntad de Dios la que se está cumpliendo en ambas partes. Expón la parte tuya con toda honradez, con toda sencillez. Olvida la costumbre aquella de esperar que «el otro» te esté tratando de hacer una jugarreta para «arrimar la brasa a su candela». Recuerda que Dios está dentro de él también y lo verás proceder con entera justicia.

Tampoco trates de interesarlo con exageraciones. No trates de convencerlo a pesar de él. Si no logras esta venta o este empleo, o este empleado, sólo significa que hay uno mejor para ti. No te afanes, no te apures. Dios jamás está apurado. Él trabaja sin esfuerzo. En el plano espiritual todo viene «suavecito, suavecito».

No olvides la fórmula mágica: «De acuerdo con la voluntad de Dios, en nombre de Jesucristo; en armonía para todo el mundo bajo la gracia y de manera perfecta, deseo… Gracias, Padre, que ya me has oído».

El Verbo Poderoso

La fórmula para orar correctamente:

«Yo Soy» Espíritu Divino. En Dios yo vivo, me muevo y tengo mi ser. Yo formo parte de la expresión de Dios y expreso perfecta armonía. Yo individualizo la omnisciencia. Yo tengo directo conocimiento de la Verdad. Yo tengo perfecta intuición. Yo tengo percepción espiritual. Yo sé.

Dios es mi sabiduría, de manera que no puede errar. Dios es mi inteligencia, no puedo sino pensar correctamente. No hay pérdida de tiempo ya que Dios es el único hacedor. Dios actúa a través de mí, de manera que siempre estoy actuando correctamente, y no hay peligro de que yo ore incorrectamente. Yo pienso lo indicado, de la manera indicada en el momento apropiado. Mi trabajo siempre está bien hecho porque es el trabajo de Dios. El Espíritu Santo siempre me está inspirando. Mis pensamientos son frescos, nuevos, claros y poderosos como cuadran a la omnipotencia.

Mis oraciones son manufacturas del Espíritu Santo, poderosas como el águila, y mansas como la paloma. Salen en el Nombre de Dios mismo y no pueden regresarme vacías. Cumplirán aquello que a mí me plazca, y prosperarán en aquello a que sean dirigidas: Doy gracias a Dios por esto.

Isaías 55, 11.

¿Qué es amor?

Dios es amor, y aquel que more en el amor, mora en Dios, y Dios en él.

1, JUAN, 4: 16.

El amor es lo más importante de todo. Es la puerta de oro al Paraíso. Pide comprensión del amor y medítalo a diario. Destierra el temor; es el cumplimiento de toda la ley; cubre una multitud de pecados y es absolutamente invencible.

No hay dificultad que no se pueda vencer con suficiente amor. No hay enfermedad que no se cure con suficiente amor. No hay puerta que no abra el suficiente amor, ni abismo que no pueda zanjar el suficiente amor. No hay muro que el suficiente amor no derrumbe, ni pecado que el suficiente amor no redima.

No importa cuán enterrado esté el error, ni cuán desesperado sea el panorama, ni cuán grande el error, ni cuán enredado el embrollo. Si puedes amar lo suficiente serás el ser más poderoso y feliz de la Tierra.

La Presencia

Poderosísima meditación afirmativa para lograr la elevación de conciencia:

Dios es la única presencia y el único poder. Dios está plenamente presente aquí conmigo ahora. Dios es la única presencia real. Todo lo demás es mera sombra. Dios es el bien perfecto. Dios es causa únicamente de bien perfecto. Dios jamás envía enfermedad, accidente, tentación, ni muerte; ni tampoco autoriza estas cosas. Dios, el bien, no puede causar sino bien. Una misma fuente no puede producir aguas dulces y amargas.

«**Yo Soy**» espíritu divino. «**Yo Soy**» hijo de Dios. En Dios me muevo, vivo y tengo mi ser; de modo que no temo. Estoy rodeado por la paz de Dios y todo está bien. Yo no temo a la gente; no temo a las circunstancias; no me temo a mí mismo; pues Dios está conmigo. La paz de Dios llena mi alma y no me puede rozar siquiera el temor. Yo no temo al pasado; yo no temo al presente; yo no temo al futuro porque Dios está conmigo. El eterno Padre es mi morada y más abajo están los brazos eternos. Nada me podrá tocar jamás que no sea la acción directa de Dios mismo, y Dios es amor.

Dios es la vida. Yo comprendo esto y lo expreso. Dios es la Verdad. Yo comprendo esto y la expreso. Dios es el amor divino. Yo comprendo esto y lo expreso. Yo envío pensamientos de amor, paz y salud a todo el Universo; a todos los árboles, las plantas y a todo lo que crece; a todos los animales, las aves, los peces; a cada hombre, mujer y niño en la Tierra sin distinción alguna. Si alguien me ha deseado o me ha hecho algún mal, lo perdono voluntaria y completamente ahora, y todo ese asunto terminó para siempre. Lo suelto y lo dejo ir. Soy libre y él es libre. Si queda algún resentimiento en mí, se lo encargo a mi Cristo interior y yo quedo libre.

Dios es la sabiduría infinita y esa sabiduría es mía. Esa sabiduría me guía y me dirige, de manera que no puedo cometer errores. Cristo en mí es la lámpara a mis pies. Dios es la vida infinita y esa vida es mi providencia, mi suministro. No puede faltarme algo, no puedo carecer de nada. Dios me creó y me sostiene. El amor divino ha previsto todo. Ha provisto todo. Una sola mente, un solo poder, un solo principio, un Dios, un elemento. Está más cerca de mí que mis pies y mis manos, que mi propia respiración.

«**Yo Soy** Espíritu Divino. Soy el hijo de Dios y en Presencia de Dios vivo eternamente. Le doy gracias al Padre por la armonía perfecta».

(Esta invocación se puede hacer combinándola con las llamas, cuando el estudiante estudie estos temas más adelante, en mis siguientes libros).

Tratamiento para desarrollar el Amor Divino

Mi alma está llena de amor divino. Estoy rodeado de amor divino. Yo irradio amor y paz a todo el mundo. Yo estoy consciente del amor divino. Dios es amor y no existe otra cosa en la creación que Dios y su expresión. Todos los seres humanos son expresiones del amor divino, de manera que yo no puedo tropezarme con otra cosa que las expresiones del amor divino. No puede ocurrir otra cosa que las expresiones del amor divino.

Todo esto es la Verdad ahora. Éste es el caso actual, el actual estado de cosas. Yo no tengo que esforzarme a que esto suceda, lo observo en este momento. El amor divino es la naturaleza del ser. No hay sino amor divino y yo lo sé.

Yo comprendo perfectamente lo que es el amor divino. Yo tengo realización consciente del amor divino. El amor de Dios arde en mí hacia toda la humanidad. «**Yo Soy**» un foco de Dios irradiando amor divino a todo aquel con quien yo me encuentre, hacia todo aquel en quien yo piense.

Yo perdono todo, todo lo que necesite de mi perdón, absolutamente todo. El amor divino llena mi corazón y todo está perfecto. Ahora irradio amor a todo el Universo, sin excepción de nadie. Experimento amor divino. Yo manifiesto amor divino. Doy gracias a Dios por esto.

Las dos llaves del infierno son la crítica y el resentimiento, llamado comúnmente «rencor». Éstos pueden ser destruidos permanentemente con el tratamiento arriba expuesto.

Cuando el estudiante conozca las llamas, puede hacer este tratamiento aplicando la Llama Rosa.

El amor no se limita a sentir cariño por otro. El amor tiene muchas maneras de manifestarse, y una de las más grandes es la de expresar deseo de perdonar y de enviar a otros el bien.

Buscar conocer a Dios es amarlo. Tratar de purificar el pensamiento es amar a Dios. Tratar de corregir conceptos desagradables es amar al prójimo por quien se siente ese desagrado. Gustar de la belleza y del arte es amor. Amor a Dios.

No hay temor en el amor. El amor destruye el temor. El temor tiene tormento, y aquel que teme no ha sido perfeccionado en el amor.

1, JUAN, 4: 18.

Los quince puntos

Para saber si estoy realmente en el sendero.

- *Si siempre busco el bien en cada situación, persona y cosa.*
- *Si resueltamente le doy la espalda al pasado, sea bueno o malo, vivo únicamente en el presente y futuro.*
- *Si perdono a todo el mundo sin excepción, no importa lo que hayan hecho; y luego me perdono a mí mismo de todo corazón.*
- *Si considero mi trabajo o tarea diaria como cosa sagrada, tratando de cumplirla lo mejor posible* (gústeme o no).
- *Si hago todo lo que está en mi poder para manifestar un cuerpo sano, y un ambiente armonioso en torno mío.*
- *Si trato de rendir servicio a todos los demás, sin hacerlo de manera majadera ni fastidiosa.*
- *Si aprovecho todas las ocasiones de hacer conocer la Verdad a otros, de una forma sabia y discreta.*
- *Si evito incondicionalmente la crítica, negándome a escucharla o apoyarla.*
- *Si le dedico por lo menos un cuarto de hora a la meditación y a la oración.*
- *Si leo por lo menos siete versículos de la Biblia o un capítulo de algún libro instructivo sobre la Verdad para esta era.*
- *Si diariamente hago un tratamiento especial para pedir*

o demostrar la comprensión (hay que afirmarla sabiendo que Dios está con nosotros, o encargar a la Señora Maestra Ascendida Nada del Rßayo Rubí, como a las Huestes del Rayo Dorado).

- *Si al despertar me entreno a darle a Dios mi primer pensamiento.*
- *Si todos los días pronuncio el verbo por el mundo entero, o bien en nuestros ejercicios diarios, o especialmente, digamos, a las doce del día.*
- *Si practico la Regla de Oro de Jesús, en lugar de admirarla únicamente. Él dijo: «Haz a otros lo que desees que te hagan a ti». Lo importante de la Regla de Oro es que la debemos practicar aunque los demás no la practiquen hacia nosotros. Pero también no hay regla que no tenga su opuesto, de manera que no permitas que otros te hagan lo que serías tú incapaz de hacerles a ellos.*
- *Si me doy perfecta cuenta de que lo que yo veo no es sino un espejismo, el cual me es posible transformar por medio de la Oración Científica.*

Para poder demostrar armonía y perfección de todo en tu vida, pregúntate una vez por semana si estás cumpliendo con todos estos puntos. En dondequiera que se mencione el perdón se puede insertar la oración de la Llama Violeta: «**Yo Soy** la Ley del Perdón y la llama transmutadora de todos los errores cometidos por mí y por toda la humanidad». Por supuesto que esto es para los estudiantes que ya conocen las Llamas.

Mi mundo contiene todo

Cuántas veces te has encontrado con que te falta algo para continuar lo que estás haciendo: si es vistiéndote, te hace falta un alfiler o una aguja e hilo; si es un trabajo, te hace falta una pluma o un instrumento cualquiera, etc. Estás viendo una apariencia material nada más. La Verdad está siempre en el espíritu, como ya bien lo sabes. Al pensar y buscar la correspondencia en lo espiritual, o sea que tú piensas «¿cómo es la situación en el plano espiritual?», siempre tu mente te dice: «Es perfecta». Ponte a meditar entonces cuál sería la perfección en este caso. La perfección, en el caso de que te estés vistiendo y te falte un alfiler o una aguja e hilo, sería que tuvieras en ese momento lo que te está haciendo falta, o que no tuvieras necesidad de esos adminículos, ¿verdad? Pues, bien, ya has visto que tu cuerpo está hecho de las sustancias del plano que él habita; contiene todos los elementos que se pueden encontrar en todos los demás objetos y artículos que hay en el planeta. Además, has ido acumulando en todas tus vidas pasadas todo lo que puedes necesitar y usar; cada experiencia, con todos los accesorios precisos para haberla cumplido y superado, ya están en tu cuerpo etérico como memoria, y en tu cuerpo causal como haber constructivo. Tienes, pues, plena autoridad de declarar: «Mi mundo contiene todo, y no es verdad que pueda carecer yo de lo que necesito en ningún momento. Espiritualmente, lo que necesito está conmigo y reclamo la apariencia material porque me hace falta para mi materia en este momento».

Verás un milagrito, si has comprendido bien el principio que te he estado explicando. O encuentras un alfiler o una aguja con hilo, casi sin necesidad de buscarlos, o te viene a la mente de inmediato la cosa que pueda suplir la falta, la forma de arreglar la situación, o alguien entra y te lo facilita. En el caso de que alguien de ustedes me haga la pregunta que han hecho otros: ¿y qué sucedería si me encontrara en un desierto y me faltara el agua, por ejemplo, y no la hallara?, contesto que una vez que conoces esta ley, este principio, y lo aplicas dos o tres veces, jamás se volverá a presentar en tu existencia ningún caso en que te pueda faltar absolutamente nada de lo que puedas necesitar. Ese caso del desierto sin agua es karmático. Es una experiencia que fue necesaria en un momento dado, pero que, si estás ya aprendiendo leyes espirituales tan adelantadas como ésta, ya pasaste la experiencia del desierto, la superaste y jamás volverá a presentarse el caso. El paso dado está superado, y no hay que volverlo a dar.

El coco

Ustedes saben lo que es el coco. En Venezuela es el monstruo con que asustan a los muchachos para que se porten bien.

El doctor Fox dice: «Este artículo es para personas que tienen una preocupación. Yo jamás regaño a aquel que está preocupado. Eso equivale a darle una patada al caído. ¿Acaso a alguna persona le divierte preocuparse? Por supuesto, sí hay personas quejosas y quejumbrosas que les complace actuar de esa manera. Ésa es una condición que necesita atención urgente, pero no es un caso de preocupación».

No, la preocupación es un infierno del cual la víctima siente alivio al ver la menor señal de escapatoria. ¿Y se puede realmente evitar la preocupación? Depende de que comprendas o no la Verdad del Ser. Si en verdad la comprendes, la respuesta es que sí.

Considera lo siguiente: un coco en el cual no crees, no tiene poder alguno para molestarte o preocuparte. El coco aquel de tu infancia ya ni te asusta ni te engaña, porque ya no crees en él. Pero cuando tenías tres años de edad él poseía el poder de poner a correr tu corazón, de ponerte las mejillas blancas, de hacer temblar tus rodillas y de hacerte vomitar toda la comida que había en tu estómago. En condiciones especiales te hubiera podido matar. Sin embargo, hoy no te hace ni pestañear... porque ya no crees en él. Esto es todo. Nada ha cambiado en realidad. No existe ese coco ni jamás existió. La única diferencia radica en ti mismo. Has cambiado tu manera de pensar. Descubriste que era una falsedad y eres libre.

Ahora, exactamente lo mismo ocurre con toda otra forma de mal que se esté manifestando en tu experiencia, ya que todo mal es un coco y nada más. Te está ocurriendo porque tú crees en él, y desaparecerá en el momento en que dejes de creer en él. La única vida que lo mantiene vivo se la das tú con tu creencia en él.

Cualquier situación y hasta cualquier objeto material pueden ser cambiados por medio de un tratamiento espiritual, o lo que llamamos nosotros la Oración Científica. No importa qué cosa vaya a suceder mañana; ocurrirá algo muy diferente por causa de la Oración Científica: un tobillo luxado, las consecuencias de haber manchado un traje con tinta, el juicio del tribunal ocurrido la semana pasada, o la operación que te van a hacer la semana que viene y todas las consecuencias que puedan salir de allí, todos pueden ser borrados totalmente, hasta de las conciencias de todo el mundo, o el carácter de todas estas cosas puede ser cambiado para hacer ver que son bendiciones para todos los interesados. A veces ocurre que compras un artículo, y cuando llegas a casa te das cuenta de que no era lo que te convenía, y crees que ya es demasiado tarde. No importa. Trata el caso científicamente y verás que después de todo la compra fue correcta, te regocijará la adquisición, o de alguna otra manera tendrás satisfacción por haberlo comprado, ya que todo se vuelve bueno al tratarlo por la Oración Científica.

Todo esto es la Verdad, de manera que esto comprueba que el plano material no es «real», en el sentido de ser fijo o permanente, y una vez que captamos esta Verdad ya no tiene poder para molestarnos. La Verdad es que nuestras condiciones materiales no son otra cosa que el reflejo exterior de las convicciones que tenemos en la mente, y como tenemos el poder de cambiar estas convicciones, es evidente que podemos también cambiar los reflejos exteriores.

Tu problema de este momento es exactamente como el coco de tu infancia. Es el coco, y el único poder que tiene es el que le estás dando al creer en él. Tienes que desistir de creer en él, y la forma de lograrlo es orar lo suficiente, científicamente, o conseguir que alguien te ayude, y verás a ese cuadro infeliz transformarse en algo totalmente diferente, o desaparecer completamente.

Con suficiente oración puedes lograr que se borre de tu memoria, pero eso no va a ser necesario, ya que no vas a querer olvidar al coco, te será indiferente.

¿Ves por qué se puede quitar la preocupación? Cuando tú puedas decirte: «Sí, en este momento esto parece una calamidad, pero yo sé que con un buen tratamiento puedo cambiar esta situación en algo totalmente diferente», ya puedes decir que las preocupaciones terminaron para ti y sólo es cosa de tiempo para que la salud, la armonía y la prosperidad sean permanentes en tu vida.

El Nombre del Señor es una torre fuerte. El pensador correcto entra en ella y está salvado.

Proverbios 18:10

El dinero

El maestro Fillmore, fundador de Unity, dice: «No es un crimen ser rico, y no hay virtud alguna en ser pobre, como nos han hecho creer los reformadores. El mal consiste en acaudalar el dinero, impidiendo que circule libremente para que llegue hasta el que lo necesite. Aquellos que ponen a trabajar sus riquezas, en forma que contribuyan al bienestar de las masas, son la salvación de un país. Si todos tuvieran lo que llamamos "la conciencia de pobreza", la miseria sería general como lo es en la India y en la China. Allí, los millones de habitantes están atados perennemente al pensamiento de su pobreza, sufren escasez en todas sus formas, desde la cuna hasta la tumba. El peso del pensamiento pobre recae en las tierras, y ellos año tras año retienen sus productos de manera que miles mueren de hambre».

La conciencia de la prosperidad hay que formarla. Primero hay que ir negando todas las viejas y falsas ideas de carestía, de restricción, de dependencia en los canales fijos. La idea de que algo es muy caro proviene del estado de nuestra bolsa. Hacemos la comparación del costo con la cantidad que poseemos y decidimos instantáneamente si podemos adquirir o no. Si nuestro haber es poco, el objeto nos parece caro. Si nuestro haber es grande, no le damos ninguna importancia al costo y lo adquirimos. El objeto no es que sea caro, sino que la conciencia es pobre.

Tú estarás pensando que, sin embargo, sí hay cosas por las cuales los comerciantes piden demasiado. Pero yo te repito que, si tuvieras muchos millones para gastar, no se te ocurriría siquiera pensar si el comerciante está pidiendo demasiado o no. Luego no es la carestía sino el estado de tu bolsa, y ésta depende del estado de tu conciencia.

Desde pequeño, tal vez oíste en tu casa el tema del dinero, del costo y de lo que se podía o no se podía adquirir. Cuán pocos pueden hacer alarde de que cuando pequeños pidieron que se les comprara algo y que sus padres no contestaron: «Hoy no se puede porque no hay dinero». Ese «no hay dinero» asumió inmediatamente el carácter del monstruo que todo lo niega, que todo lo interrumpe, que todo lo malogra; ese ogro que se recrea en vernos privados y suspirando, hasta que terminamos doblando la cabeza resignados a la fatalidad. Cuán pocos pueden decir que sus padres contestaban «vamos a pensar que Papá Dios nos lo quiere dar y que no está sino esperando el momento para darnos la sorpresa».

Y éste es el pensamiento que deseo se aprendan hoy de memoria y lo repitan mentalmente, o a viva voz, cada vez que tengan un deseo o una necesidad, y que se encuentren comparando lo que tienen en la cartera, con el costo de lo que están deseando. «Vamos a pensar que Dios **nos lo quiere dar** y que sólo está esperando el momento para darnos la sorpresa», para irles formando la conciencia de prosperidad.

Ya ustedes saben que la Verdad es que en el espíritu todo está ya dado, concedido y esperando que lo reclamemos; y que por eso enseñamos a dar las gracias antes de que aparezca. Pero esta idea se empeña en eludir. El subconsciente no tiene discernimiento. Para él, tu palabra es ley. Lo que te oye decir, lo que ve en tu pensamiento, el cuadro que te imaginas, son órdenes que él se esmera en cumplir con la más pronta exactitud. Lo único que lo sacude es la voz del Yo Superior. Las altas vibraciones de la Verdad desmoronan lo petrificado (cristalizado, decimos) en el subconsciente, y que le costarían años de psicoanálisis para llegar a descubrirlas. Y aun así el psicoanalista te dirá que, si no se sustituye con algo el clavo que acaba de sacar, se vuelve a recaer en el mismo mal. Por esto es por lo que la Metafísica primero niega el mal, luego afirma la Verdad para ir sustituyendo lo que se va borrando por lo más alto y potente: la Verdad que no habrá que borrar jamás.

La afirmación simple, infantil, que te di para que la aprendieras de memoria encierra una intención triple. La primera, que te vayas formando la idea de que todo proviene de Dios, o sea, de la sustancia divina, y se te vayan quitando esas ideas de los canales fijos. Tus canales fijos son, o bien el salario que recibes, o bien la organización donde trabajas; y, si no tienes necesidad de trabajar, tus canales fijos son o bien el negocio de tu padre o de tu marido, o las fincas que te producen tu renta, en fin, lo que sea que te provee con la suma de dinero con que haces tus gastos. Y toda la especie humana está acostumbrada a pensar que si éstos llegaran a fallar ocasionarían la ruina. Pocos se dan cuenta de que los canales de la prosperidad y de la abundancia son infinitos porque son de Dios, y son Dios. Ignoran lo que ya tú sabes, que toda necesidad viene ya equipada con el material que requiere para llenarla, o sea que (como se dice en Metafísica) la oferta y la demanda son una. En la Tierra son dos cosas opuestas. En la Verdad son una sola y misma cosa.

La segunda intención que lleva la afirmación que te di es que te vayas acostumbrando a que la voluntad de Dios es magnánima: que Dios ansía que tengas precisamente **eso** que estás necesitando o deseando, porque el deseo y la necesidad de algo se producen en el momento que se está preparando para gozarlo o aprovecharlo. Ni un minuto antes, ni un minuto después. Y, si hace años que estás anhelando o sintiendo la falta de algo, ese «algo» tiene los mismos años tocando a tu puerta, para que acabes de recibirlo, y es tu subconsciente el que lo está rechazando y haciéndolo esperar, por cumplir la orden que le diste, al aceptar la idea de que te sería imposible realizar tu deseo o bien porque lo consideraste demasiado costoso, prohibitivo o demasiado difícil. La Biblia explica esto en la forma siguiente y que la he repetido muchas veces: «Toda tierra donde pongas la planta de tu pie te la he dado por heredad». Los pies son símbolos de la comprensión, y «tierra» es símbolo de manifestación. O sea que la traducción de la frase maravillosa es: «Toda manifestación que puedas **concebir** te la he dado yo». La heredad es lo que nadie nos puede arrebatar. Es nuestra por derecho.

La tercera intención que lleva la afirmación está en la frase: «... y sólo está esperando el momento para darnos la sorpresa». A menudo los estudiantes ven que no obtienen una demostración tan aprisa como ellos esperaban, y vienen a quejarse conmigo. Casi me culpan de incumplida, ¡como si yo les hubiera prometido algo que no he dado! Ésta es una actitud infantil. Es un resabio de mala crianza que les ha quedado de cuando eran niños en la casa de sus padres, y prueba que fueron niños mimados a quienes no se les negó jamás su menor capricho. La demostración siempre está hecha y preparada para aparecer. Sólo está esperando el momento oportuno. Hay infinidad de motivos que obstruyen la salida o que destruyen el momento oportuno, y la manifestación tiene que esperar a que haya otro momento oportuno. Uno de los motivos más comunes y corrientes es la inconsistencia o falta de firmeza una vez que se ha pensado, invocado, reclamado y hecho el tratamiento.

O bien el estudiante siente dudas, o bien cede a la tentación de salir a conversarlo, o bien expresa con sus palabras conceptos que niegan la Verdad que declara en el tratamiento. Todo esto es muy natural. No hay que impacientarse ni con uno mismo ni con la tardanza de la demostración. No somos perfectos y estamos aprendiendo a serlo. El subconsciente no tiene culpa de estar pesado y achantado en viejas ideas y costumbres.

Otro defecto muy común es el de pensar que hay que estar repitiendo el tratamiento para que se haga. Esto equivale a estar continuamente abriendo el horno para darle una vuelta con la cuchara a una torta que se está horneando. Un tratamiento se hace una sola vez, lo más excelentemente que se pueda. Se ve la Verdad y se declara. Se dan las gracias, y se le deja a Dios la realización. Cuando venga a la mente el pensamiento de aquello que estamos necesitando y que no acaba de realizarse se hace lo que llamaba Emmet Fox «hacerle un tratamiento al tratamiento», o sea que se dice: «Ya yo hice el tratamiento y no tengo por qué angustiarme ni preocuparme, gracias, Padre». Puedes dar gracias infinitas tanto como quieras. Eso sí, reafirma la demostración, y es regocijo. «Regocijad y dad gracias a Dios en todo.»

Cuando das a alguien un regalo como sorpresa, o cuando te hacen una sorpresa a ti, **es** una **sorpresa**. Aun cuando has estado deseando algo y alguien te lo regala, te sorprende y te hace feliz. La frase del tratamiento te pone a esperar la sorpresa que te va a mandar Dios, en el momento en que menos lo esperas, y esta expectativa entusiasta es la fe que mueve montañas. No lo confundas con la esperanza. La esperanza es una hermana pobre de la fe, dice Emmet Fox. La esperanza es angustia mezclada con dudas. La fe es expectativa gozosa. Dos cosas muy diferentes. Qué diferente es decir «tengo la esperanza...» a «tengo la fe...».

Me han llegado noticias de que por lo menos dos de mis estudiantes están careciendo de dinero. Se puede ser muy adelantado espiritualmente y no tener la conciencia de la prosperidad, así como se puede tener una gran conciencia de prosperidad y no ser nada espiritual. Es que se ha desarrollado un aspecto de la vida, y no se ha tocado el otro. Cuando se está manifestando falta de abundancia hay que ponerse a trabajar en ese aspecto. Hay que meditar mucho sobre la abundancia. Como le dije a una de mis discípulas en estos días, allí donde el hombre no roza con su pensamiento de escasez se manifiesta la abundancia en términos de derroche. En las selvas. En el monte ordinario. Si no vivimos cortando la hierba en el jardín, se amontona hasta tapar la casa, y es porque nos la pasamos pensando precisamente en que hay que vivir atajándola. En las selvas no hay quien piense «aquí no crece nada». No hay quien eche veneno para matarla. No hay quien piense «¡Qué verano tan bravo! Las matas se van a secar todas. ¿Y no irá a llover?».

El maestro Fillmore continúa diciendo: «El pensamiento angustiado tiene que ser eliminado, y hay que adoptar el abandono perfecto de la naturaleza, y, cuando a esta actitud se añada la realización de que se poseen recursos ilimitados, se habrá cumplido con la ley divina de la prosperidad».

Para lograr esta actitud de abandono de toda preocupación hay que meditar sobre la abundancia divina manifestada. Hay que examinarse para ver dónde se está poniendo freno inconscientemente a la prosperidad y la abundancia. Hay que afirmar, contra toda la evidencia, que somos hijos, herederos de todo lo que posee el Padre, y que no solamente él ansía vernos manifestar riquezas y satisfacciones, sino que **toda la humanidad nos desea lo mismo**. Que **nadie** quiere privarnos, ni hostilizarnos, porque toda la humanidad contiene a Dios, y Dios no se divide en dos para desarmonizar con Él mismo.

Hay una manera de producir lo que remedia una necesidad inmediata. No sirve para producir abundancia constante, pero sí produce lo que tape el hueco del momento. Es hacerse un cuadro mental, hecho de pura imaginación, y verse recibiendo cantidades de dinero, de billetes y monedas, tanto que no se sabe qué hacer con ellos. Hay que verse llenando la cartera, depositándolo en el banco, repartiendo y sintiendo la satisfacción de poder dar y hacer feliz a otros. Pero hay hasta que sentir con los dedos el grano del papel, el crujir de los billetes, el peso de las monedas, etc. Hay que repetir esto mucho para que el subconsciente se impresione y lo reproduzca. No hay que preguntarse «¿y por dónde me puede llegar?». El canal se le deja a Dios. Esto último es tal vez lo que queda de valioso cuando se ha terminado de gastar el dinero que va a llegar, o sea la constatación de que los canales de Dios son infinitos e inesperados. No se olviden de insistir en que venga bajo la gracia y de manera perfecta.

La magia del diezmo

La práctica del diezmo se ha hecho una costumbre de toda la vida para muchos discípulos de la Verdad. Tanto es así que ya piensan en el monto de su dinero como si fuera sólo el noventa por ciento de lo que realmente disponen, ya que automáticamente ponen a un lado el diez por ciento que consideran como perteneciente a Dios, sin que jamás ni sueñen en romper la costumbre. Esto lo hacen inteligentemente, es decir, como principio, porque han percibido que es lo correcto. El resultado de este proceder es que estas personas están absolutamente libres de toda dificultad monetaria. Aunque puedan tener otros problemas, jamás sufren de privaciones ni de fallas en su prosperidad material. Ellas cumplen con la ley de manera que inevitablemente manifiestan el resultado.

Este hecho se está haciendo ampliamente conocido hoy en día, pero lo que no es muy bien comprendido es el Principio Espiritual que lo rige. Se me hacen toda especie de preguntas respecto a la forma de diezmar, en cuáles circunstancias es pertinente no diezmar, cuáles sumas se deben diezmar, en qué forma debe ser dividido el diezmo, y si la práctica del diezmo es una receta infalible para enriquecerse.

La Verdad del Diezmo es que aquellos que ponen aparte el diez por ciento de su entrada neta para el servicio de Dios, y no con el objeto principal de lucrar sino simplemente porque sienten que así debe ser, encuentran que su prosperidad aumenta por saltos y brincos, hasta que todo temor de pobreza desaparece; en tanto que aquellos que diezman porque en su fuero interno lo consideran una buena inversión, esperando que se les devuelva mucho más de lo que dan, son siempre decepcionados, y desde su propio punto de vista están malgastando su dinero.

Dice Malaquías en su versículo 10, capítulo 3: «Traedme todos los diezmos a mi granero y que haya alimento en mi casa, dijo el Señor de los Ejércitos, y verás si no te abro las ventanas del cielo y te derramo tal bendición que no habrá sitio en qué recibirla».

El diezmo ha sido recomendado en muchas partes de la Biblia, y en todas las edades, donde haya habido creyentes en Dios que hayan hecho de esta práctica la piedra angular de sus casas, este edificio construido sobre esa piedra angular los ha asegurado de toda necesidad material, cosa **tan esencial para el desarrollo del alma**.

Es cosa muy conocida que muchos de los más prósperos hombres de negocios de hoy, grandes industriales, atribuyen su éxito al haber formado este hábito en su juventud y haberlo mantenido. Miles de estudiantes de la Verdad han escapado de lo que parecía ser una pobreza sin esperanzas, y entrado en la seguridad y el confort por la práctica del diezmo.

El Principio, o Ley del Diezmo, una vez reconocido y aceptado, hace surgir la pregunta: ¿Y qué se debe hacer con el diezmo? En la Ciencia Divina, el diezmo no se refiere a la caridad general, ni a las donaciones materiales. Se dedica a la divulgación del conocimiento de la Verdad en alguna u otra forma, generalmente en la manutención de aquellas instituciones o actividades que se ocupan de esto. Cualquiera que comprende la Idea Espiritual sabe muy bien que lo único que salvaría al mundo es conocer la Verdad para quedar libres de toda dificultad; que hasta que el hombre llegue a conocer la Verdad metafísica nada lo beneficiará realmente; hasta que este conocimiento se haga general no importa cuánta instrucción seglar ni cuántos descubrimientos científicos se hagan, ni proyectos de reformas sociales, ni reconstrucciones políticas lograrán algún bien efectivo; y que, una vez que este conocimiento se haga general, todos los problemas políticos y sociales se ajustarán automáticamente, y se harán innecesarias todas las formas de caridad y sistemas de beneficencia. Nosotros que conocemos la Verdad del Ser somos fiduciarios de la humanidad. Aquellos que desconocen esta Verdad continuarán dando su dinero para promover obras benéficas, pero nosotros sabemos que nuestro primer deber es la divulgación de la Verdad. Jesús dijo:

«Conoced la Verdad y **ella** os hará libres»

El determinar la cantidad del diezmo es muy sencillo. No es, como suponen algunos estudiantes, la décima parte de aquello que puedan ellos economizar cada mes. Significa la décima parte de toda la cantidad. Por supuesto, un mercader o comerciante deducirá los gastos de su negocio antes de contar su ganancia **neta**, pero es sobre la ganancia neta, antes de deducir ningún gasto personal o de vida, como se debe hacer el diezmo. Las personas que viven de un salario reciben su ganancia neta directamente en esa forma, pero deberán añadirle toda otra entrada, dividendos, inversiones, etcétera.

Es por supuesto inútil recalcar que no hay la más mínima obligación de diezmar en absoluto, hasta que le venga a cada uno el estado de conciencia que le haga ver que es preferible hacerlo. Es decir que es mejor no intentar el diezmo hasta que se está preparado mentalmente para hacerlo. El dar por una supuesta obligación o un sentido del deber es dar con temor, y jamás ningún temor trajo prosperidad.

El pago de un diezmo es un gran acto de fe. A menudo sucede que un estudiante de Ciencia Divina siente un deseo profundo de poner toda su fe en Dios, y de poseer una fe verdaderamente científica. Desear esto es tenerlo automáticamente; sin embargo, no siempre se puede lograr la convicción absoluta de esto último, y por el hecho de no poder sentir esta sensación él se cree falto de fe cuando en realidad no lo está, pero si él practica el diezmo por convicción de que es lo correcto, esto será la prueba de su fe, no obstante lo que le digan sus sentimientos por el momento.

Algunos creen que porque están en aprietos no les es posible diezmar por el momento, pero que lo harán en cuanto sus circunstancias lo permitan. Esto es perder todo el significado porque, mientras mayor sea la presente dificultad, mayor la necesidad de diezmar, ya que sabemos que la dificultad presente es debida a una actitud mental (probablemente subconsciente), y por supuesto que las circunstancias no podrán cambiar hasta que haya un cambio en la actitud mental. El diezmar, en verdad espiritual, será una prueba de que la actitud está cambiando, y será seguido por la demostración deseada.

El secreto de demostrar prosperidad por el diezmo es el de comprender que el único origen de nuestro suministro es Dios, y que el negocio o el empleo, las inversiones o los clientes no representan sino el canal a través del cual se está manifestando en ese momento la Providencia que nos viene de Dios. Ahora, pues, la práctica de diezmar por motivos espirituales es la prueba concreta de que se ha aceptado esa idea, y la consecuencia inevitable de dicha aceptación es la prosperidad visible. Es fácil ver, pues, la diferencia que existe entre la práctica espiritualmente comprendida y la otra —material e inútil— de apartar la décima parte, a menudo con mala gana, con la esperanza de hacer una buena inversión. Como una expresión de que se considera justicia espiritual, el diezmo es un éxito inevitable. Como inversión egoísta va al fracaso seguro.

La respuesta a la pregunta de cuán a menudo debe ser pagado el diezmo es también muy sencilla. El momento correcto para pagar el diezmo es al recibir el pago semanal, mensual o semianual, dependiendo de cómo se recibe la renta. Por lo general, es mejor pagar pequeñas sumas que una sola grande, pero no se puede dar una regla general.

Dad y se os dará: medida buena, apretada, remecida, desbordante; porque la medida que emplearéis para con los demás, esa misma recíprocamente se empleará para con vosotros.

Lucas, 6: 38

Muchos maestros de la Verdad han atestiguado de los beneficios infalibles del diezmo. Uno de ellos, John Muffay, escribió:

«De acuerdo con la Ley Hebraica, el diezmo quiere decir la décima parte, y se refiere a una forma de impuestos por la cual los hebreos tenían que dar, por Ley Levítica, el décimo de su producción (de la tierra o de bestias, etc.) para el servicio de Dios. Es notable que mientras este sistema prevaleció la nación hebrea prosperó, colectiva e individualmente, y dondequiera que ha sido aplicada honestamente jamás ha fallado al final. Si el granjero se negara a darle a la tierra una cierta cantidad de maíz y patatas, de las que ha recibido de esa tierra, no tendríamos cosechas. ¿Por qué entonces esperamos recibir la abundancia de parte de Dios, si le damos tan mezquinamente a su santa causa? Aquellos que diezman siempre están seguros de que tienen a Dios por socio».

La conexión entre el diezmo y la prosperidad es después de todo simplemente una expresión de aquella ley que expresa que aquello que nosotros le hacemos al Universo, el Universo nos hace a nosotros. Lo que damos, generosidad o parsimonia, lo recibiremos de nuevo. Igual atrae igual. Que lo que el hombre siembra, eso recoge, y que ningún hombre escapa a la Ley.

La Biblia dice:

*«Y todo el diezmo de la tierra, así sea de
semilla o del fruto de árboles, pertenece al
Señor. Es Santificado al Señor»*
Levítico 27:30

*«Honra al Señor con su sustancia, y con
los primeros frutos de tu abundancia, y tus
graneros rebosarán y tus prensas reventarán
con vino nuevo»*
Proverbios 3:9, 10

Después de que Jacob recibió la visión que le dijo que había una escalera mística desde la Tierra hasta el cielo (la escalera de la Oración Científica y la actividad justa) decidió de inmediato adoptar la práctica del diezmo comprendiendo que...

*Dios estará conmigo, y me protegerá en mis
caminos, me dará el pan y la ropa.*

El escalón en que tú te encuentras

Si a ti te gusta todo lo que has leído hasta ahora en esta enseñanza para la Nueva Era, si varias veces en su lectura te has encontrado diciendo «¡pero si yo ya sabía esto instintivamente!» o «yo diría que soy una metafísica nata, ¡porque practico muchas de estas cosas!», entonces ya atravesaste por todas las otras sectas, religiones y credos que existen en el planeta, en el curso de tus vidas pasadas. Todas sus prácticas y teorías las tienes acumuladas. Lo constructivo está en tu Cuerpo Causal, que es el Aura de tu Yo Superior. Lo destructivo está en tus vehículos inferiores (cuerpo físico, cuerpo emocional, cuerpo etérico y cuerpo mental), pero sobre todo en tu cuerpo etérico está toda la memoria de todo lo que te ha ocurrido en todas tus vidas: nada se pierde. Anota esto muy bien. Nada se pierde.

Entonces, si te atraen las enseñanzas metafísicas, si las comprendes y te absorben, quiere decir que estás preparado para subir un escalón. Si no las aceptas, si no las entiendes, si no te atraen, si más bien te repelen, significa que aún no puedes digerirlas. Te tienes que quedar en otra secta, una menor, donde no se practique el Principio de Mentalismo. En algunas lo encontrarás explicado superficialmente, pero sin dársele mayor importancia. Todas esas sectas y doctrinas tienen cosas que tú instintivamente anhelas. Ellas te las darán y también te darán un cúmulo de conocimientos que te llenan la boca, la mente y las satisfacciones. También te impondrán numerosos ritos, rituales, prácticas físicas, prohibiciones, dietas, ataduras, todo lo cual se puede encerrar en una palabra: **Limitaciones**. Pero si las necesitas, ése es tu escalón presente.

No queremos denigrar, ni aminorar, ni desprestigiar a ninguna doctrina. ¡No porque un hermano sea un niño se le ve como un inferior! Sólo queremos darte seguridad respecto al escalón en que te encuentras ahora.

¿Cómo y por qué sabemos que la Metafísica es la última enseñanza enviada al planeta por los Maestros de la Sabiduría? Por muchas señales:

Primero: ninguna otra doctrina te enseña a resolver tus problemas (la Llave Maestra). Ni a manifestar todo lo que desees (Te Regalo…). Ni a convertir lo imposible en posible (El coco). Ni te enseña a llevar con tal dulzura y armonía tus negocios al triunfo (Dios en los Negocios). Ni a manifestar el bienestar material en corto tiempo (La Magia del Diezmo). Ni te brinda un desarrollo espiritual inmediato (Cómo Desarrollar el Amor Divino y La Presencia).

Segundo: cuando venimos a esta reencarnación, se nos borran todos los conocimientos adquiridos en otras vidas porque Jesús dijo: «Bienaventurados los pobres en el espíritu, porque de ellos es el Reino de los cielos». Los conocimientos llenan de orgullo intelectual. Los que ya están preparados para entrar en los estudios espirituales de la Nueva Era se muestran perezosos en los colegios durante su infancia, y desganados para emprender estudios intelectuales cuando ya son grandes: un paso dado no hay jamás que volverlo a dar. El que sienta deseos de acumular conocimientos es porque le faltó hacerlo en otra vida anterior.

Tercero: la Nueva Era es la Era de la Liberación. En esta Era se acabarán los ritos complicados, las miles de nimiedades que quitan el tiempo para cosas mejores, más interesantes. Así, cuando en la época del Templo de Jerusalén la religión imperante ordenaba que cada levita tuviera que cumplir con más de seiscientos detalles religiosos, rituales y exigencias diariamente. El doctor Fox dice que los pobres vivían bajo una conciencia de ineptitud, de esclavitud, de pecado, pues, y de acuerdo con el Principio Creador o Ley de Mentalismo, sentirse y considerarse pecador es, de hecho, estar en pecado. No siendo posible cumplir con semejante rigor, se castigaban de manera inmisericorde.

Si los directores de sectas y religiones que practicas manifiestan enfermedades, miseria, dolor, tristeza, calamidades, etc., sabrás que esos frutos son producto de mentes llenas de errores y falsedades, pues Jesús dijo: «Por sus frutos los conoceréis». No continúes oyéndolos. No tienen nada que enseñarte. Tú eres más adelantado que ellos.

Más adelante en tu estudio de Metafísica aprenderás a quemar el karma tuyo y el ajeno también, sin dolor, sin sufrimiento, aplicando la divina y maravillosa Llama Violeta (de la Liberación por Amor) que es el regalo del Ascendido Maestro Saint Germain, avatar de la Nueva Era, y para entonces ya podrás ir invocando de tu propio Cuerpo Causal todos los conocimientos y habilidades que son tuyas por derecho de conciencia, y que tienes acumulados. Por el momento ya puedes ir practicando esta fórmula:

«**Yo Soy** la Sabiduría Divina de Dios, él en mí todo lo sabe...» Continúa con la afirmación titulada «**el verbo poderoso**», que ya leíste anteriormente.

La práctica de la **Presencia de Dios** (que es como realmente se llaman estos estudios) te va limpiando y te va desatando, te va instruyendo casi sin necesidad de libros, pues Jesús dijo: «El Espíritu Santo, que el Padre te enviará en mi nombre, te enseñará todas las cosas». Te va liberando de una infinidad de limitaciones que antes creías que eran deberes tuyos cumplir; y una de las liberaciones más grandes que te llegará es que sabrás curar a distancia, resolver los problemas ajenos también a distancia (ya no tendrás tú esos problemas) lo cual te da libertad de trabajar en lo material como tienen que hacer los demás que no tienen el recurso divino del cual tú dispones, y muchas veces verás transformarse situaciones con tu sola presencia, pues es tu estado de conciencia (Conciencia Espiritual y Conciencia Divina) la que eleva la frecuencia electrónica de las vibraciones bajas en contorno tuyo, que pertenece a otros. Entiende: ¡Es la conciencia que tienes de que en ti, en tu prójimo, está la **Presencia de Dios**!

¿Qué es el Cristo?

Les he enseñado siempre que el Cristo es nuestra Verdad. La Verdad de cada uno y que es perfecto y todopoderoso. Es lo más noble de cada uno.

Vamos a desmenuzarlo para comprenderlo mejor.

Ya ustedes saben que todo tiene vida. Aquello que tiene vida oye, siente y responde. Algo muerto o dormido ni oye, ni siente, ni responde. ¿Correcto? Recuerden eso. Vida es la capacidad de oír, sentir y responder, contestar o reaccionar.

Vamos a dibujar ahora varios planos. Primero pondremos aquí: **Vida**. Toda cosa viviente, o que se ha despertado a la vida, ante todo tiene vida.

Ahora viene: ¿qué clase de vida?, ¿elemental o terrena? Si es elemental, será del aire, del agua o del fuego. Si es terrena, será mineral, vegetal, animal o humana.

Una vez que se haya definido esto, viene la individualidad. Todo es uno e indiviso, pero cada cosa muestra una faceta o unos talentos especiales, virtudes o atributos que no son comunes a todos.

En los humanos, por ejemplo, ¿qué aspecto presenta? ¿Tiene la piel negra, blanca? ¿Los ojos azules, negros? ¿Qué peculiaridad manifiesta? Y, si hay tan infinita variedad de clases, aspectos, virtudes, peculiaridades, talentos, tipos, razas, reinos, etc., ¿por qué se dice que todo es uno, un mismo ser?

Primeramente sabemos que todo, absolutamente todo, sale de una misma fuente. Eso que llamamos Dios. Por consiguiente, todo es no solamente **un** hijo de Dios, sino **el** hijo de Dios, porque no hay repetición exacta. Cada cosa es individual. Eso mismo, una sola cosa, un solo ejemplar.

Bueno, pero en esa variedad infinita hay algo que delate la filiación, la hermandad, la igualdad. Tiene que haber algo que sea exacto en todos. Una especie de marca de fábrica, porque precisamente sale de Dios. Así como en una familia en que todos los miembros sean de diferentes tipos, que ninguno se parece a otro, pero algo hay en todos que señala el parentesco o la filiación. Algo en la forma de la nariz, o en las orejas, o en el hablar. Algo que lo clava a uno con el apellido. ¿Qué nos une a nosotros todos como familiares de Dios? ¿Qué nos identifica? Tres cosas: Conciencia, Inteligencia y Amor. Todo ser viviente tiene conciencia, inteligencia y amor. Nadie es tan malo que no ame aunque sea a su madre o a su perro. Nadie que esté vivo deja de manifestarlo en alguna forma. O bien le late el corazón, o está respirando. Algo está consciente en él. Algo responde, algo siente, algo oye. Está vivo, tiene ya conciencia. Y esto está simbolizado por los tres colores primarios: Azul, Amarillo y Rojo. Todo, absolutamente todo, tiene esos tres colores. Todo tiene conciencia, o vida, o lo que es lo mismo: voluntad, eso es azul. Todo tiene inteligencia, amarillo; todo tiene atracción, repulsión, adhesión y cohesión, o sea amor, rojo. Todo, en todos los reinos de la Creación.

Los oídos humanos son torpes. El ser más fino de oído no oye responder a las matas, ni a las células de su cuerpo, por ejemplo. Nadie se da cuenta, por consiguiente, de que los planos invisibles, astrales, etéricos, son una barahúnda de sonidos, de voces, una gritería de todo lo que contiene vida. Hemos dicho que todo lo que tiene vida oye, siente y responde. El cuerpo humano, siendo macizo, sólido, no soporta ese vocerío. Yo pido para ustedes que cuando se les despierten esos sentidos espirituales no se encuentren solos. Que estén acompañados, y la mejor compañía es la del Cristo, o sea el Yo Superior que todo lo puede, todo lo sabe, todo lo domina; que es infinito consuelo, infinito amor y ternura.

Ahora, ¿qué es pues el Cristo? Es la expresión de esas tres condiciones, Conciencia, Inteligencia y Amor, en sus más altos grados. Amor en su grado más puro. Es voluntad azul purísima, la de Dios mismo. Es inteligencia, oro, purísima, altísima, como Dios mismo. Es la Esencia de la Divinidad. Es todo lo que somos, pero en la escala más alta, más pura, noble, buena y perfecta. Es la esencia de la Verdad. Es el patrón y diseño de la Voluntad de Dios para nosotros, cada uno.

Debemos meditar sobre esto todos los días. Al pensar en Él nos enchufamos, como quien dice, en el plano crístico. Seguimos pensando en Él y a los veinte segundos experimentamos un paso como un escalón, nos sentimos más cerca. A los próximos veinte segundos lo sentimos, o lo comenzamos a sentir como una dulzura y como que algo nos eleva. A los terceros veinte segundos nos sentimos felices, que lo amamos y que Él nos ama. Si hacemos esto cada día nos pareceremos más al diseño divino. Nos hacemos más buenos, más puros, bellos, inteligentes, vivos y alertas. Pero recuerden también que Él tiene voz y oído. Que no es el mismo oído y la misma voz de nuestro cuerpo. Es un ser unido y aparte al mismo tiempo. Unido a nosotros y aparte de nosotros. Por eso le podemos hablar y saber qué nos contesta.

Espero que hayan adelantado un poco en la comprensión del Cristo Interior, porque quiero que todos quemen el karma antiquísimo que está cristalizado, y éste lo quema el Cristo, a quien Emmet Fox llamó «El Señor del Karma».

Hay el Cristo cósmico, y hay el Cristo individual, o sea, el Ser Divino, glorioso dentro de nuestros corazones, hecho de luz universal y creado por Dios Padre y Madre. Éste se desarrolla tal como semilla a través de catorce mil años de evolución (en nuestra conciencia).

Este ser crístico es inteligente, viviente en cada uno de nosotros, y que está más interesado en ti de lo que estás tú mismo. Durante millones de años te ha estado dando hasta el aliento, y te ha sostenido con la esperanza de lograr una oportunidad de exteriorizar el proyecto divino que tienes tú en el plano de la creación. Acepta esto ahora y deja que este Dios, a través de ti, cumpla su propio patrón de perfección, su maestría y dignidad, su equilibrio y belleza, su armonía y libertad. Hagamos juntos la siguiente afirmación:

«Yo acepto ahora la Verdad de que poseo un Ser Divino, glorioso, que en este momento está desarrollando y trayendo a mi vida y a mis sentidos la realización de mi propia divinidad. Afirmo que poseo en el centro de mi cabeza una glándula (chakra) llamada *Fe*, que genera y produce toda la fe que me es necesaria, de manera que no puedo jamás volver a decir que mi fe es insuficiente. Si tengo a Dios en mí, si todo mi ser es hecho de la esencia de Dios mismo, del cuerpo de Dios mismo, mi padre-madre, tengo en mí ser todas las cualidades y todos los atributos de Dios mismo. Gracias Padre, que esto es la Verdad».

No hay sino un solo poder en el Universo. Acepta ahora que la **Presencia de Dios** en tu corazón, que está más cerca que tus pies y tus manos, más cerca que el aliento que entra por tu nariz, porque es tu propia vida que te hace latir el corazón, esa **Presencia de Dios** que se llama «**Yo Soy**», es una e indivisible con el latido de tu corazón. Ponte la mano sobre el corazón, cuando medites, e invoca tu exquisita presencia para que guíe tu meditación.

Cada dos mil años el Maestro del Mundo manda a la Tierra un «Cristo», o sea, un ser perfeccionado que desea encarnar y traer a la masa de humanos de esa era la religión que conviene a ese aspecto de la evolución. Esa religión, en el curso de dos mil años, se convierte en el estímulo espiritual de las masas encarnadas en ese momento. A medida que se iban sucediendo las eras de evolución, el Maestro del Mundo ha mandado nuevos Cristos, uno tras otro. Es lamentable que el mismo Cristo no pudiera continuar a través de todos los cambios, ya que todas las religiones se han visto afectadas por resistencias, antagonismos y rebeliones que han sido provocadas siempre por la ola religiosa precedente, cuando sería maravilloso que ola tras ola añadiera su ímpetu, su fuerza a la próxima, haciéndose un gran *crescendo* en que toda la humanidad se pudiera encontrar cara a cara con su propia divinidad.

¡Hoy estamos al cierre de los ciclos de tiempo! Frente a la abertura de otro ciclo de dos mil años cuando la entrada del Rayo Ceremonial que así se le llama al séptimo rayo, comienza a hacerse sentir por las vidas. Este rayo será la religión de las masas.

El Cristo no es un cuerpo, es una conciencia. Ya saben lo que les enseñé, que las conciencias tienen vida e inteligencia. La conciencia crística o el Cristo nuestro existe porque, en el comienzo de nuestra creación por el Creador, lo que funcionaba en nosotros era esa conciencia pura y bella. Ella ha quedado en las altas esferas, esperando que nosotros lleguemos a reunirnos con ella. Se llama el Cristo; y todos estos Cristos se dirigieron al Tribunal Kármico, que está compuesto por siete entidades de sabiduría; y le pidieron permiso para hacer presión en cada uno de nosotros, limpiándonos de todas las cristalizaciones, para poder evolucionar rápidamente, quitando y barriendo del mundo todo lo negativo y estableciendo el reino de los cielos en la Tierra lo más pronto posible, pues la Tierra está en un peligro grande de destruirse por falta de luz como ustedes ya saben. La Tierra está en lo que llaman los maestros un estado recalcitrante y es que los humanos no hacen caso, no quieren cambiar por más que hacen nuestros guías y seres de luz y los ángeles y nuestros Cristos están sufriendo, cosa insólita, como ustedes comprenderán. Ése es un estado de caos universal que amenaza. El Tribunal Kármico primero dio permiso para que dos mil Cristos hicieran la prueba. Somos diez mil millones de seres humanos entre los encarnados y los no encarnados que pertenecemos a la evolución humana y no más de tres mil millones están encarnados a la vez en la Tierra. La prueba dio resultado y el permiso fue aumentado a doscientos mil, luego a un millón y luego a diez millones.

La vida

Uno de los aspectos de Dios, o de «aquello que llamamos Dios», es vida. Dios es Vida; entre tantas otras cosas, Dios es nuestra vida y la de todo lo que existe.

La vida toda es una sola, la tuya, la mía, la de la planta, el insecto, el ave, etc. No nos pertenece individualmente. Es una inmensa vida en la cual estamos nosotros flotando. Somos cada uno una esponja en un océano de vida.

Estamos acostumbrados a pensar que cada uno aisladamente posee una cantidad de vida, y que ésta, como el agua en un pocito rodeado de tierra, se va evaporando y secando, y que le puede caer sucio o algo que la infecte y contamine. No. A ella, a ese manantial inmenso, inagotable e indestructible, no le puede ocurrir absolutamente nada. Ella no puede morir. Es un chorrerón de energía que fluye a través de nosotros, que nos penetra y que, por lo tanto, nos mantiene vivientes, o sea, que nosotros somos seres vivientes porque estamos en ella.

Como la especie íntegra cree que el ser humano es un pocito de vida separado y aislado, que es susceptible a la enfermedad, al desgaste por los años y a la muerte, toda la especie manifiesta esa creencia; pero, cuando se borre esa opinión, a fuerza de negarla y afirmar la Verdad, dejarán de enfermarse, de envejecer y de morir. Mientras más se piense y se medite la Verdad, más pronto se librará el ser humano de esas falsas creencias, porque la Verdad es acumulativa. «Conoced la Verdad y ella os hará libres», dijo Jesús, y también dijo: «El reino de los cielos es semejante a la levadura que una mujer tomó y escondió en tres medidas de harina, hasta que todo fue leudado». Más claro no puede estar. El reino de los cielos no es aquello que nos han ofrecido para otro plano si nos portamos bien. Es el estado de dicha, armonía y adelanto que estamos buscando aquí. Esta meditación, que les está aclarando algo que ustedes no conocían, que les está removiendo células que estaban dormidas, es la levadura a la que Jesús se refiere. Esta Verdad que escuchan hoy continuará trabajando en ustedes, hasta que un día de pronto se les ilumina la idea como un sol, porque habrá leudado toda la masa.

Estamos habituados y tan endurecidos por la costumbre, a vernos los unos a los otros, que no nos asombra el milagro que representa un personaje que habla, piensa, se mueve, oye y vive sólo por sí mismo, sin ningún cable que lo conecte a una corriente eléctrica; sin que esté sembrado en la tierra; ¿y ese otro milagro que ocurre a cada minuto?, un niño que, al ser separado de la madre que le comunica su vida, continúa viviendo. Y nada de esto nos llama la atención, cuando todo esto nos debería provocar constante asombro y contemplación. ¿Qué es eso? ¿Cómo es eso? ¿O es que ustedes creen que esa maravilla, ese milagro lo hace la taza de café con leche? La comida y el comer son resabios que nos quedan del reino animal, son instintos animales. Como éstos no piensan ni reaccionan aún, no tienen intuición sino instinto. Aún los rige la célula aquella primitiva que era un estómago, o deseo rudimentario. Ellos obedecen ciegamente al Principio de Generación y a la Ley de la Evolución que ordena la combinación de los elementos y la alteración paulatina de vibraciones.

El hombre ya es pensante, racional e intuitivo. Sus vibraciones se intensifican al pensar en las más altas frecuencias. Al escuchar, comprender y aceptar la Verdad de todas las cosas, acelera su frecuencia y por supuesto se eleva de plano. La meditación, como es pensar profunda y determinadamente en estos altos conceptos, adelanta al ser rápidamente. Por eso los estoy haciendo meditar.

Nosotros somos hijos de Dios, hechos de su propia sustancia. Somos esponjas en un océano de vida. No necesitamos alimento exterior. Cuando nos compenetramos bien con esta Verdad y la hayamos comprendido, nos encontramos comiendo menos y menos, automáticamente, sin hacer ningún esfuerzo ni sacrificio. La levadura de la Verdad habrá penetrado toda la masa; las células del cuerpo estarán vibrando a altas frecuencias. La vida es ella misma alimento. Ella es salud, energía, belleza. Es vida.

¿Han oído hablar de Teresa Neumann, la mujer alemana que manifestó todo esto en esta nuestra era? Pasó para el otro plano hace unos cuantos años. No conozco los pormenores de su traspaso, pero deben ser muy interesantes y significativos, aunque todavía estaba imbuida de conceptos bastante obscuros.

Un día dejó de comer y beber, y así vivió unos cuarenta y cinco años, o hasta que se fue de este plano. Durante varios años estuvo constantemente vigilada por fiscales del gobierno alemán para comprobar esta Verdad.

A mí me tocó hacer el reportaje para una revista y tuve que investigar todo lo que se publicaba sobre ella. Sus fotos eran de una muchacha gorda, llena de salud y energías; una granjera que ordeñaba vacas, sembraba y recogía las cosechas, manejando el pico y la escardilla a cual mejor.

Tenía una manifestación muy original y era que los viernes de Semana Santa se le abrían las heridas de Cristo en las manos y en los pies. Más tarde llegó a conservarlas abiertas siempre. No se le infectaban y jamás volvió a probar una gota de agua ni un bocado de comida alguno. El gobierno alemán lo comprobó.

En la Biblia las palabras comer y beber significan «meditar y pensar». Beber o pensar es una cosa fluida, líquida que no hay que mascar. Comer o meditar, es detenido, profundamente mascullado y digerido.

El que come mi carne y bebe mi sangre tiene vida eterna, y yo lo resucitaré el día postrero. Porque mi carne es verdadera comida y mi sangre es verdadera bebida. El que come mi carne y bebe mi sangre, en mí mora y yo en él... Éste es el pan que descendió del cielo... el que come este pan vivirá eternamente.

Juan 6:54

Dios es vida. El hijo de Dios es esa misma vida. Pensar, meditar en la Verdad de Dios es comer de ese pan, es apropiarse de esa Verdad.

Apropiarse es aceptar, creer, ya ustedes saben que lo que uno sabe lo manifiesta.

Medita pues sobre la vida en los términos que te he dado. Dios es vida, la tuya, la mía, la de todos (somos esponjas en un océano de vida). La vida no necesita alimentarse del exterior. ¿Qué cosa podría comunicarle vida a la vida misma, si ella es la dadora de vida?

La muerte

Cuando una madre ve a su hijo agonizando, o cuando muere un niño pequeño, o cuando desaparece un padre, una madre, dejando una familia entera sin sostén, sin apoyo, viene alguien y por todo consuelo le dice a los doloridos: «Esto es una prueba que manda Dios. Hay que resignarse ante la voluntad del Padre». Ya sabes que ésas son blasfemias que indican fe en el mal y creencia en un Dios cruel, inventado por la mente de los hombres.

Primeramente, ya saben ustedes que la muerte no existe; sólo se está cambiando de modo de vivir. Es sólo una de tantas miles de mudanzas que efectúa el ser humano en el proceso de su evolución.

Cuando la familia crece, la casa resulta pequeña y se mudan a una más grande. Cuando un par de zapatos se pone inservible, se dejan y se usan otros nuevos. Y aquella casa y aquellos zapatos cumplieron su misión. Esto es la muerte: el término de una misión.

No me dirán ustedes que un niño muere porque se vuelve inservible o porque ha aprendido lo que vino a aprender. No me dirán que un joven de veinticuatro años está usado, gastado, viejo y que no sirve; ahora es cuando comienza su misión.

La voluntad de Dios es que el ser humano termine de cumplir su misión y que llegue a término gozando de todas sus facultades, fuerte y sano. Ni a Dios ni al hombre le es de ninguna ventaja que uno desperdicie una gran parte de su estancia en la Tierra, sordo, medio ciego, feo, en ese estado innecesariamente desagradable que se llama «la vejez» o «senilidad». Dios tampoco quiere que se interrumpa o se malogre el propósito de una vida.

Habrán notado ustedes que cuando desaparece una persona muy anciana, nadie se hunde en la desesperación. Aquella muerte no produce sino una emoción dulce, cariñosa, acompañada hasta de una sonrisa tierna; los hijos del que se va tienen sus vidas desbordantes con sus propios intereses, apenas sienten nostalgia por el viejecito o la viejecita; y al terminar de enterrarlo todo el mundo reanuda su vida sin mayor conmoción. Ése es el ideal. Ésa sí es la voluntad de Dios: que los seres queridos se separen sin desgarramiento, sin sensación de terrible vacío, y que sólo queden recuerdos gratos, además de ciertos contentos de que el que se fue pasó a mejor vida.

En lugar de desperdiciar poder y energía, temiendo que muera un hijo, una madre o esposo (y que es la manera más segura de verlo suceder), hay que emplear esa energía en decir: «Pues yo no quiero que muera ninguno de los míos hasta que termine de cumplir su misión. Hágase la voluntad de Dios. Gracias, Padre, que ya me has oído». Y cada vez que la idea se ofrezca a la mente, decirle: «No, gracias. No te necesito. Conozco la Verdad», como quien despide a un vendedor inoportuno que llega a la puerta.

Éste es el conocimiento de la Verdad que libera, es lo que se llama «Fe».

Ya ves por qué muere a destiempo un ser, y por qué no puede morir si alguno de los que lo rodean tiene fe.

Si logra entrar un metafísico al cuarto del enfermo, las vibraciones positivas de su pensamiento cambian la polaridad negativa que impera en la habitación; porque la luz siempre domina la obscuridad; porque el positivo domina al negativo; porque el bien domina al mal; porque la Verdad desvirtúa la mentira. Él sabe que aquella vida es valiosa y que Dios no quiere que sea entorpecida. Lo primero que hace es recordar las palabras que nos dejó Jesús: «Toda autoridad me ha sido dada en el cielo y en la Tierra y con la fe del que conoce la Verdad, la declara y el enfermo se cura».

Ustedes preguntarán lo que preguntan todos los principiantes: ¿Y si tiene una enfermedad incurable? ¿Y si ha sufrido un accidente que le ha dañado un órgano vital? ¿Y si no sobrevive a lo que se le haga?

Primeramente, aun la religión ha enseñado hasta la saciedad que «para Dios no hay nada imposible». Esto ha de tomarse en serio, quiero decir textualmente, que para el poder espiritual un órgano destruido o un mal de los llamados «incurables» representan obstáculos *únicamente* para los humanos. Son menos que nada para la vida. Ella es indestructible, y está previsto que ella se repara ella misma, si las mentes humanas no le cierran el paso con sus falsas creencias.

El polo negativo también es de Dios; todo es de Dios; contra el libre albedrío no actúa ni Dios mismo; y si tú prefieres situarte en el polo negativo tendrás todo lo que a él pertenece.

Al polo positivo pertenece la sonrisa. Al negativo pertenece el ceño fruncido. Si quieres cambiar de polo en plena manifestación negativa, sonríe, declara el bien presente, bendícelo y dile al negativo «no te quiero ver». Eso es todo, y verás transformarse lo negro en blanco, lo triste en alegre, el mal en bien. Pruébalo.

En la mayoría de los «milagros» que hacía Jesús le decía al paciente: «Tu fe te ha salvado», y lo demostraba desde sanar una llaga, movilizar a un paralítico, dar la vista a un ciego y, por último, resucitar muertos. No ya órganos destruidos o males «incurables», sino muertos, muertos, muertos, ya en la tumba, malolientes, como

Lázaro. Manifestando así que para la fe no existe lo «imposible».

Los discípulos le preguntaban a Jesús lo mismo que preguntan ustedes a veces: «¿Por qué no se me dio tal y cual cosa cuando yo hice todo lo que tú me dijiste que hiciera?». Y él les respondía: «Por vuestra poca fe». Nunca dijo que porque él era el Hijo de Dios y los demás no; sino lo contrario. Dijo: «Sois dioses, y de cierto os digo que si tenéis fe como un grano de mostaza diréis a ese monte, pásate de aquí allá y se pasará. **Y nada os será imposible**».

Tampoco regañaba a nadie por no tener fe, porque Él sabía que la fe viene con el conocimiento. Les explicó por qué no podían hacer los milagros que Él hacía; y les dijo: «Todas estas cosas que yo hago, las haréis vosotros también, y cosas mayores aún». No sé qué otra interpretación se le puede dar a algo tan categórico y tan claro.

Jesús enseñaba Metafísica. La prueba es que todo el que estudia Metafísica hace «milagros» como Jesús.

Ahora dirán ustedes que muchas veces se manifiestan milagros a personas que no conocen un ápice de Metafísica. ¡Claro está! No se necesita sino tener fe. Esa fe que llaman «ciega», y que sin embargo produce resultados, es simplemente que el paciente sitúa su pensamiento en Dios o en alguna entidad, en un santo, o en el Cristo, o en el plano espiritual; y al mismo tiempo siente la confianza que ha puesto en él. Confía, su ansiedad se relaja. Calla y espera.

Te he visto y te he escuchado innumerables veces protestar: «¡Pero si yo estaba segura, segurísima de que esto me iba a resultar, y nada!», ¿segura? Segurísima. ¿Con los músculos tensos? ¿Contándole a todo el que se te acerque el mal que estás segurísima de curar? La diferencia es sutil, pero creo que me habrás comprendido.

Cada vez que Jesús sanaba a alguno le decía: «Vete y no se lo digas a nadie». Esto no era por modestia, sino porque formaba parte de la técnica. El pollito no revienta su cáscara hasta que está completo, con plumas y todo. Tú no sacas una gelatina de su molde hasta que está firme. «Como es abajo es arriba.»

Toda creación atraviesa siete etapas antes de manifestarse en lo exterior. Estas etapas son a veces recorridas en una centésima de segundo, dependiendo del poder espiritual del que las ejecuta. Si su comprensión y sus conocimientos son grandes como en Jesús, la manifestación es instantánea y significa que las siete etapas se sucedieron con velocidad atómica; pero, si es un principiante en la ciencia del espíritu, las etapas toman, a veces, hasta años en cumplirse.

Las palabras son pensamientos hablados. Son vibración de sonido, por la vía de ellas se dispersa la energía, y en este caso se le resta impulso a la manifestación. Los estudiantes o principiantes deben frenar el deseo de comentar los «tratamientos» que están haciendo; los que piensan hacer y los que acaban de hacer; hasta que la demostración esté muy segura, muy firme.

En el hebreo antiguo se le decía el «Sabat» a la última etapa creadora (cuando surge una demostración y se sabe que el trabajo ha terminado). Esa palabra dio origen a nuestro «sábado». En la Biblia, desde el *Génesis* hasta San Juan, dice que en el sábado cesa todo trabajo. La creación está descrita como habiendo ocurrido en siete días (las siete etapas que he mencionado más arriba) y que en «sábado» Dios descansó de su obra en el séptimo día. La psicoterapia está descubriendo lo que la Metafísica conoce desde siempre: la relación que hay entre las ideas, los humanos y sus males físicos. Aun la medicina general tan reacia a reconocer lo mental-espiritual ha llegado a ver en las preocupaciones la causa de la úlcera y los infartos. No tardará mucho en descubrir que los resentimientos y el remordimiento son cultivos que producen cáncer.

Los sentimientos reprimidos por temor de pecar o de ofender, así como la conciencia de culpabilidad, causan parálisis, artritis y alergias. La materia es la esponja que absorbe todo lo que el hombre no desea que salga al exterior.

Hay un tipo de sentimiento que es demasiado fuerte y violento para que ninguna materia humana lo pueda soportar, y es lo que llamamos el «negativo abstracto». Por ejemplo: el odio desenfrenado de una raza contra otra, de una nación hacia otra, a veces se desahoga por medio de una guerra y ambos lados se destrozan, se empobrecen; pero, mientras tanto, hay «mala sangre» que tiene que buscar una salida; que no puede materializarse en la sutil y refinada contextura del cuerpo humano porque pertenece a una región inferior, y que encuentra por fin su asilo en formas inferiores: en las bestias salvajes, el león, las serpientes venenosas, los insectos ponzoñosos, las espinas dañinas de ciertas plantas, ¡y bajo tierra!

Por contraste, hay sentimientos y pensamientos tan elevados, tan espirituales y bellos que tampoco encuentran formas en la materia por ser ésta grosera en comparación, y que planean, como quien dice, siempre a la orden de quienes las han creado. Éste, el «positivo abstracto», se encarna en todo lo bello que encuentra; en los copos de nieve con sus formas geométricas, en las flores, perfumes, etc., hasta donde lo soporte la vibración material. Ahora no hay ser humano algo adelantado que no se haya extasiado, aunque sea una sola vez, ante un paisaje, una puesta de sol, un cuadro evocador, una bella flor, un niño, un rostro amado, un poema, una música, un color, o un pensamiento leído. Estas emociones con sus pensamientos acompañantes son puros, sin malicia, desinteresados, hechos de sensibilidad y de amor. No hay nada en el plano físico que los pueda encarnar; sin embargo, son «creaciones» de los hombres que toman forma viviente. Se convierten en entidades poderosas. A estas entidades bellas, luminosas, potentes, las llamamos «Ángeles», y hay seres humanos que poseen legiones que están al mandar de sus dueños y creadores.

A éstos se refería Jesús, cuando dijo: «Haceos tesoros en los cielos, que no se agoten, donde ladrón no llega ni la polilla destruye (Ver el Derecho de Conciencia en el capítulo «No robarás» en mi libro *Metafísica al alcance de todos*).

¿Has oído decir: «Las plegarias de las madres llegan al trono de Dios»? La gente considera que ésta es sólo forma poética. No significa lo que expresa. Cuando el amor de unas madres es desinteresado, sin egoísmo, ellas viven produciendo formas angélicas y dirigiéndose hacia el objeto de su ternura. Cuando su cariño está impregnado de temor y angustia, la forma ya no es angélica sino distorsionada. A veces se torna diabólica y produce lo que ella teme. El niño se enferma, sufre accidentes y también muere prematuramente. La pobre no sabe y cree que es la voluntad de Dios. Ella sufre sus torturas resignada, y de allí que el símbolo humano de la madre es María con su hijo muerto en sus brazos, y el nombre de María significa «MAR» (amargo).

Nada de esto es necesario. No representa la Verdad. Para proteger a quien sea contra nuestros propios conceptos y falsas promesas, los metafísicos hacemos tratamientos en los términos siguientes: «De acuerdo con la voluntad de Dios, yo no quiero que ninguno de mis seres queridos sufra enfermedades, inarmonías, accidentes, ni que mueran antes de haber cumplido su cometido en este mundo; por lo tanto, no habremos nunca de sufrir, ni ellos por mi desaparición, ni yo por la de ellos. Ésa es la Ley de Dios y yo me amoldo voluntariamente a ella. Gracias, Padre, por tu grandeza». Si te sientes capaz de extender tu pensamiento para incluir a otros que no sean de tu círculo familiar inmediato, mejor.

De ahora en adelante no tendrías que temer jamás el dolor de la muerte, ni tuya ni ajena. Por lo general, la gente rechaza violentamente, o con terror, una idea de muerte. Esto es contraproducente. Cuando la idea se ofrezca, o sea que se presenta a la mente, todo lo que hay que hacer es decirle con toda calma pero con firmeza: «No, gracias. No me eres necesaria. Conozco la Verdad», y luego proceder a pensar en otra cosa.

La idea que viene así sin provocación no es tuya. Es un pensamiento ajeno que flota, que entra y sale, o que pasa a través de ti, porque la errónea interpretación de la muerte está tan generalizada y es tan antigua que toda la especie está paralizada en la idea. Por esto dijo Jesús: «El último enemigo a vencer es la muerte»; en otras palabras, la idea de la muerte. Nadie quiere morir. Le tienen miedo, y por lo mismo mueren antes de tiempo. La vida ha sido recortada por el temor; de novecientos años que vivieron los patriarcas, a noventa que es el lapso que se vive hoy. Raros son los casos de cien años o más. Éstos son de temperamento plácido.

Tenemos el derecho inviolable de conservar todas nuestras facultades y todos nuestros órganos intactos, tanto tiempo como nos sean necesarios; y como en todo momento nos son necesarios, mientras vivamos en un cuerpo físico, tienen que servirnos al máximo de capacidad hasta el mismo momento en que pasamos al plano incorpóreo.

No es verdad que haya que perder vehículos e instrumentos tan indispensables como los dientes, el oído, la vista, los pies, las manos, los órganos vitales, en fin, todo el equipo humano. Éste es un Universo inteligente y no sería inteligente fabricar un automóvil sin ruedas, un televisor sin pantalla, un teléfono sin bocina, etc. «Como es abajo es arriba.» De ahora en adelante cada vez que tu anatomía quiera manifestar algún desperfecto: así como cada vez que te venga una de esas ideas erradas de temor a perder o dañársete una facultad, dirás cortésmente, pero con firmeza: «No. Nada de eso. No quiero. Tú existes para mi conveniencia, para servirme, y Dios no hace una idea incompleta. Gracias, no lo necesito, no me sirve para nada una idea tan absurda». Este pequeño regaño no va sino para tu propia conciencia, tu subconsciente, al cual le diste en el pasado una orden que él está cumpliendo; pues la materia no tiene ni voz ni voto. Ella no sabe nada. Es únicamente un vehículo, una cosa.

No hay por eso que despreciar ninguno de los canales que nos proporciona el espíritu divino. La medicina es un canal y un recurso previsto para aquellos que desconocen la Verdad. Si tu fe no se ha establecido aún, debes aprovechar todas las ventajas y todas las armas que tienes a la mano. Al mismo tiempo, como la materia y el espíritu no se pueden divorciar, hay elementos materiales que el espíritu utiliza en un momento dado, como hay elementos espirituales que la materia recibe con ventaja. Me refiero a que hay vibraciones que cambian de orden químico en una sustancia, y sustancias químicas que emanan radiaciones especiales. Después de hecho un tratamiento espiritual viene a veces un impulso de echar mano a un proceso estrictamente físico. Hay que obedecerlo. Es una inspiración. La inteligencia divina sabe lo que hace. Verás cómo utiliza el espíritu sus vehículos materiales. Es a veces asombroso, pero nos demuestra una vez más que Dios no está, como se ha creído, separado de su creación, sino íntimamente ligado y compenetrándola toda.

Utiliza todos los canales de Dios. Todos. Cuando utilices un canal físico, digamos un médico, un proceso, una pastilla de aspirina, o lo que sea, bendice el canal. Así aumentas el bien que contiene para ti y para otros. Así estarás practicando la **Presencia de Dios**, pues Dios es el bien. Utiliza a tus ángeles. Puede que tengas legiones. Están para servirte. Su naturaleza es vida, amor y bien.

A todo el que quieras ver protegido, «ponle un ángel». Cuando te acuestes a dormir pon un ángel en cada puerta y en cada ventana. Jamás podrá acercarse alguno que lleve intenciones negativas. Si lo logra sentirá una desgana súbita y se alejará rápidamente, porque las vibraciones potentísimas del bien dominan las del mal como la luz ilumina a la oscuridad. Cuando salgas dejando tu casa sola rodéala de ángeles. Sienta un ángel al lado del chofer que te lleva o que lleva a tus seres queridos. Esto es el amor en acción. Pruébalo una sola vez y quedarás para siempre convencido.

Con todo esto te habrás dado cuenta de que la muerte no es sino un renacer. Es continuación de vida.

Para cerrar quiero bendecirte con esta afirmación: No hay en tu vida sino una sola presencia, un solo poder:

«Dios», el bien omnipotente.

Medicina Alopática-Psicológica

Para nuestros efectos, aunque la medicina tiene gran variedad de ramas y ramificaciones, diremos que tiene dos grandes ramas: la General y la Especialización.

Diremos que la general estudia estrictamente el cuerpo humano, la anatomía y los males que se manifiestan en esa anatomía. Es, pues, un estudio de la materia normal, en estado saludable, y los estados anormales que se manifiestan, junto con las medicinas que los curan.

La especialización entonces se limita a un solo sector como la psicoterapia, por ejemplo. Pero fíjense en que ningún médico alópata (que es la medicina corriente) cuando usted lo consulta por un dolor de estómago, por ejemplo, jamás pregunta si el enfermo es feliz en su hogar o en su trabajo, si tiene perturbaciones del ánimo por causa de personas que lo rodean y si tiene preocupaciones. Ahora es que se está comenzando a comprender que la úlcera estomacal es producida por los problemas que preocupan porque hay problemas que interesan y no hacen sufrir. Ningún médico se interesa en saber si las condiciones de

Medicina Alopática-Psicológica

vida de un paciente son agradables o no, y, como veremos luego, hay cantidad de enfermedades que no son otra cosa que incomodidad e infelicidad, desajuste con el medio en que se vive, inconformidad con una situación-ambiente. El psicólogo y el psiquiatra sí tratan de determinar si el enfermo está reaccionando a una condición exterior; luego hay cantidad de enfermedades que no son otra cosa, pero, como nadie sale a consultar un psiquiatra cuando tiene un dolor de estómago, lo que sucede por regla general es que el médico a quien se consulta se limita a averiguar cuál de las comidas no se digiere bien, y abre un librito que tiene los nombres de infinidad de remedios y para qué sirven. De allí copia una receta o regala una muestra. Si el paciente regresa a continuar recetándose porque no se le ha quitado el dolor, el médico entonces dice: «Ah, esto es una colitis o una apendicitis crónica». Aconseja la operación, por supuesto, para la apendicitis, o recomienda una dieta estricta para la colitis, y el enfermo sigue lo mismo. ¡El enfermo se cura solo al fin! Ya veremos por qué.

En Metafísica estudiamos el medio ambiente y los problemas del enfermo, y sabemos a qué se deben muchas de las enfermedades; sabemos que la colitis es psicosomática. Que los males del hígado, del estómago, de los intestinos también, y que el azúcar en la sangre es una complicación psíquica muy interesante y profunda.

Como nosotros sabemos que todo tiene su origen en la mente, podemos relacionar también los sucesos exteriores con los interiores, y viceversa.

Dios nos hizo para ser y estar felices. Un ser feliz jamás está enfermo. Lo mismo que un enfermo jamás es feliz.

Ustedes todos conocen el hecho de que al interrumpir el circuito del mal humor con una sonrisa, se cura el hígado. Desaparece la bilis. Está descrito en mi primer libro *Metafísica al Alcance de Todos*, pero vamos a recordarlo.

Cuando una persona sufre un disgusto y cambia la cara, como decimos, este gesto, que no es sino un pensamiento exteriorizado o actuado, tiene una influencia directa con la glándula pineal, que es la glándula de la visión psíquica y astral. De allí baja la amarga vibración por el líquido cefalorraquídeo en la columna vertebral, luego impregna el hígado, amarga y forma bilis, y esa bilis causa otra vez la expresión de desagrado en la cara, como también el gusto de amargor con que la persona amanece. Es un círculo vicioso muy fácil de cortar. Todo lo que hay que hacer es sentirse feliz. ¿Cómo se hace para sentirse feliz? Es fácil también, si se tiene voluntad.

Primeramente hay que sonreír. Obligadamente aunque no se sientan ganas. La primera sonrisa será indudablemente forzada, con las comisuras de los labios apuntando abajo, pero el segundo esfuerzo será mejor. Ahora hay que comenzar a dar gracias en alta voz por todo lo que uno ve que posee. Desde un fósforo, la ropa, los muebles, los familiares, el sol si está brillando o la lluvia si está cayendo. Todo, absolutamente todo, representa un bien en su momento apropiado y nos haría falta en un momento dado, si no lo tuviéramos, de manera que, pensando en esto, nos dan deseos de dar gracias, de agradecerlo a Dios. Ya estamos pensando en Dios, sentimos gratitud, y esta combinación dulcifica el hígado. Se corta el circuito vicioso y se cura el mal.

Si todos siguiéramos esta práctica, jamás se nos turbarían ni el hígado ni la vida.

Cuando uno se siente **muy** afligido, para curar instantáneamente la aflicción hay que comenzar a declarar inmediatamente: «Bendigo el bien en esta situación». No hay forma más eficaz para hacer desaparecer toda aflicción, para impedir que se nos convierta en causa y efecto de un mal mayor, y para evitar formar karmas, ya que, como ustedes saben, la bendición aumenta el bien que se bendice, transforma el mal en bien, y es ver a Dios allí donde aparenta estar el mal.

¡Es la más perfecta expresión de fe! No hay mal que se pueda resistir a la bendición del bien que se está ocultando tras de una apariencia de mal. Pruébenlo y verán cómo se transforma el mal en bien y se cura toda aflicción.

La colitis y los males intestinales son resultados nerviosos de los temores y desagrados que se están experimentando en la vida diaria, en el hogar o el trabajo. Muy sorpresivamente la diarrea a veces es ocasionada por demasiado estudio de las cosas espirituales. Pareciera que lo espiritual lógicamente debería curar automáticamente lo que ande mal, ¿verdad? Pero, si la persona mezcla su pensamiento negativo pesimista y doloroso con sus súplicas a Dios, está creando un disparate. Está formándose una figura errada de Dios. Lo que formó es un dios (con minúscula) doloroso y purgativo, pero no de misericordia. Muchas veces los principiantes encuentran que después de las primeras lecciones de Metafísica se les «afloja» el estómago. Ellos no relacionan esto con las lecciones, por supuesto, pero es ocasionado porque han recibido mucho material nuevo, muchas ideas a la vez, y el organismo se defiende eliminando todo lo que no se ha podido asimilar, y se va por los intestinos.

Tenemos cuatro cuerpos inferiores. El cuerpo emocional, el cuerpo mental, el cuerpo etérico y el cuerpo físico. Del cuerpo etérico les diré que es el depósito de todos los recuerdos de todas nuestras vidas. Por supuesto que, si en vidas pasadas hay impresiones tan grandes, experiencias tan destacadas o que han durado mucho tiempo, estaremos muy influenciados por esas impresiones, y todo lo que nos ocurre lo «teñimos», como quien dice, con el color de esa experiencia o esa convicción destacada. Por ejemplo, conozco a una señora que pasó muchas vidas, y si no varias por lo menos una vida entera y muy reciente, siendo profundamente católica, y en la época victoriana en que todo era melodrama. Las novelas, las comedias, etc., ella ha traído pues a esta vida una costumbre muy arraigada de convertir todo en melodrama, y todo lo religioso en doloroso. Para ella la figura de Cristo está representada por el Crucificado y la Mater Dolorosa a los pies. Hasta la risa de ella es con las cejas en forma de acento circunflejo. Por supuesto, aunque ella desea ardientemente ser feliz, no puede porque su cuerpo etérico la doblega en el sentido del dolor. Es el caso de que goza con el dolor, porque es donde ella se siente más cómoda, más en casa, más familiar, ¿comprenden? Además del cuerpo etérico deforme, tiene el cuerpo emocional muy grande, muy descontrolado, lo cual la hace excesivamente emotiva. Le costará mucho aceptar la nueva ola metafísica que va alineando los cuatro cuerpos en un solo molde para funcionar en armonía y ordenadamente.

Respecto al azúcar en la sangre, o lo que comúnmente se llama «diabetes», pasen revista en su mente por todos los que sufren de ese mal y recordarán que, por regla general, todos son de carácter dulce. Las condiciones externas, contrarias a su modo de ser, los afectan enormemente. Al principio se encuentran impedidos de reaccionar. No puede dejarse ir en protestas ni explotar en ira porque es contrario a su ser innato. A ellos les haría mucho bien poder defenderse con una explosión de palabras, pero no lo logran por su dulzura original. Entonces esa dulzura se agria, se acumula y tiene que desahogarse por alguna parte. El coma diabético es la incapacidad de soportar más la carga de dulzura envenenada, que se manifiesta en azúcar por cantidades superiores a lo habitual, pues ya una vez formado el círculo vicioso, es la defensa que adopta el organismo. Defensa relativa, por supuesto, ya que esta forma de defensa mata también. Pero el caso es que por incapacidad de reaccionar en lo exterior, se reacciona a costas del interior ¿Quién chupa el exceso? La sangre.

Yo conocí a un psicoanalista que recomendó a un paciente tener siempre a mano veinte platos de loza, para que cuando tuviera un desagrado los rompiera lanzándolos contra una pared. Indudablemente, lo hizo para que ese paciente no se reprimiera. Seguramente tenía tendencia a ser introvertido. Pero eso sería un buen remedio para los diabéticos.

Voy a terminar contándoles un caso que tuve recientemente. Tomé una muchacha para servicio doméstico. La chica venía precedida con el diagnóstico médico de apendicitis crónica. La operación no era urgente, pero había que operarla algún día, decía el médico. A los tres días de estar en mi casa le dio el dolor. Yo decidí comprobar primero si era o no del apéndice o si era, como yo sospechaba, resultados del ambiente de la casa que ella había dejado. Era una casa donde no había paz, donde nada de lo que se hiciera resultaba bien hecho porque una anciana enferma mantenía aquello en un hervidero. A la chica le daba el dolor con vómitos. Esto es clásico de la apendicitis, como también es típico de los disgustos. Podía ser una cosa u otra, pero yo no me iba a dejar influenciar por el diagnóstico. Le di tres pastillas de menta y le dije: «Chúpate una ahora mismo. Dentro de media hora chupas otra, y a la tercera media hora chupas la tercera». Se le pasó el dolor y yo entonces aproveché y le dije: «Mejor es que no te repita ese dolor porque mi convenio con la señora que te mandó a mí fue que si te repetía el dolor te devolvería a ella y tendrías que seguir trabajando donde estabas. Además, voy a darte la buena noticia de que no tienes apendicitis crónica. Lo que tienes es un dolor nervioso por los disgustos que tenías constantemente, y como aquí no tienes disgustos no hay razón para que tengas ese dolor. ¿Estás feliz conmigo? Sí, señora. ¿Estás en paz? Sí, señora. ¿Tienes todo lo que quieres? Sí, señora, respondió. Muy bien, entonces ya se acabó ese dolor». Y así fue. Esto me lo inspiró José Gregorio Hernández, porque yo se la encomendé a él. Como él es protector mío, le dije que, si había que operarla, lo hiciera él.

Dice San Pablo:
«Orar sin cesar». ¿Qué es eso?

Si no tienes tiempo para la oración, el tratamiento y la meditación, o sea, si no tienes tiempo para dedicarle a Dios, es porque todo tu tiempo estará ocupado con problemas y enfermedades. Ésta es una manera sutil de decirte que todo el tiempo que le dediques a lo espiritual lo pasarás libre de todo lo que hoy te preocupa.

San Pablo dice en su primera epístola a los tesalonicenses: «Orad sin cesar». Nosotros sabemos que él no quiso decir con esto que pasáramos la vida de rodillas y pasando el rosario. Nosotros sabemos que todo pensamiento, toda emoción, toda palabra que pronunciamos equivale a plegarias más sinceras; y que es el temor mental que mantenemos lo que determina el carácter, malo o bueno, de lo que nos sucede. Todo el día y todos los días estamos orando. ¿Cómo? En mal o en bien.

Orad sin cesar significa que mantengamos nuestra mente y nuestra alma vibrando en plano alto. Ya todos ustedes saben que el positivo es de alta vibración. Que la verdad espiritual es de altísima vibración. Que pensar bien es de la misma altísima vibración. Que la sonrisa, el canto, la alabanza y dar gracias con el sentido común, calman en lugar de la nerviosidad, la caridad en lugar de la crítica, todas son expresiones de amor puro, y este estado de alta vibración equivale a la más patente oración que se pueda hacer. Mantenerse en paz, contento y ecuánime es orar sin cesar.

Ahora les diré el versículo completo de San Pablo. Dice así: «Estad siempre gozosos. Orad sin cesar. En todo dad gracias a Dios; porque ésta es la voluntad de Dios en Cristo Jesús respecto de vosotros». ¿No es asombroso cómo pudo ese gran metafísico que fue Pablo de Tarso resumir en tan pocas frases, íntegra, la técnica de la oración científica? Es la ciencia de la vida en una cápsula: estad siempre gozosos, orad sin cesar, en todo dad gracias a Dios, porque ésa es la voluntad de Dios para vosotros. No se puede agregar una sola palabra más, después que se conocen los «porqués» de estas recomendaciones. Yo he resumido aún más la enseñanza, ¡sin que esto signifique que me quiero hacer aparecer más grande que Pablo de Tarso! No, pero una vez que ustedes han absorbido la Verdad detrás de la apariencia, yo les digo que basta con recordar las dos frases: «Estad siempre gozosos» y «en todo den gracias a Dios»; así es que ya todos ustedes saben lo que quiere decir «Orad sin cesar».

Voy a darles unos ejemplos sencillos y prácticos que si los adoptan tendrán la seguridad de estar orando sin cesar.

El primero es el saludo. El verbo saludar quiere decir «salud dar», o dar salud. ¿Quieren ustedes algo más generoso, más desinteresado y más noble que el darle salud al amigo y al familiar, al verlo? Pero el saludo ha perdido todo su significado con la costumbre y la rutina. Se hace sólo como gesto de cortesía, por cumplir con la buena educación, o, si se saluda a algún conocido por la calle, es un signo de mero reconocimiento. El metafísico procede distinto. Hace una de dos cosas. O bien le pone intención al saludo, y junto con la sonrisa y el gesto piensa: «Te doy salud», o dice mentalmente: «Saludo a tu Cristo interior», y no se limita únicamente a los amigos y los familiares. Se lo brinda a toda persona a quien se dirija, al chofer de taxi que lo conduce, a la vendedora en la tienda, a la foto que mira de paso en el periódico, al repartidor, al cobrador, al cajero del banco, y muy en especial a los lisiados y a los pordioseros que encuentra a su paso por la calle. Estas insignificancias son dardos cargados de vibraciones de luz potente que le hacen más bien a quien los recibe, que la moneda casual, si es un pobre, o al pasar indiferente si es conocido. Además, se devuelve en salud y amor. Lo comprobarán ustedes al ver la atracción que ejercen y en la buena acogida que les muestran en todas partes. Ya nunca más tendrán quejas de cómo han sido tratados por todos aquellos a quienes contacten, y les sorprenderán los elogios con que serán descritos; y es porque la buena voluntad tiene un imán irresistible.

No bendigan a todo el que vean. Jamás bendigan a los pasantes ni al vulgo. La bendición acumula aquello que es bendecido, y no es prueba de amor ni de sabiduría bendecir los efectos, pues se estará aumentando y engrandeciendo también el cúmulo de errores, y de acuerdo con la ley del bumerán, estos correrán hacia aquel que les dan tan bella acogida, produciéndose una gran confusión mental. Hay que bendecir la Verdad, el Hijo de Dios, o el Cristo interior (si es que te gusta más este término) cualquiera que sea la imagen del ser perfecto que tú concibas, invócalo cuando se te ofrezca la ocasión; es tu misma imagen que estás mirando en un espejo. Dios y el Hijo son uno mismo.

Si te es más fácil pensar que cada átomo de lo que estás viendo es sustancia divina, piénsalo así. Acepta tu propia inspiración. Es la tuya, la que te conviene; la que te ofrece tu Dios.

Dar salud al saludar es más que desear buen comportamiento para el cuerpo. Esto no sería sino dirigirse a los efectos. Se refiere a la salud espiritual, que es bendecir (o decir el bien) a la mente y al alma; es desearle luz y Verdad al prójimo. Es ayudar a limpiar los errores del mundo. El mundo se encuentra mejor porque tú estás en él. «Buenos días, buenas tardes, buenas noches, gracias», dicho con la intención que encierra (y que se ha perdido de vista en el mundo), es ir repartiendo el Bien y la Gracia. Éstos fluyen hasta donde termina el ciclo respectivo y refluye multiplicados hacia donde salieron, sea hacia ti.

Segunda forma de orar sin cesar. Todos los días tienes cosas que hacer, deberes que cumplir; algunos te molestan, te fastidian, te son duros; otros son meras rutinas, otros te gustan, te son placenteros o interesantes, como sentarte a leer el periódico o asistir a una fiesta, etc. Dedícalos. Tanto los agradables como los desagradables. Antes de comenzar di: «Dedico esto al bien», y si se te olvida hacerlo porque no has hecho aún la costumbre, y lo llegas a recordar cuando ya has comenzado y vas por la mitad, dedícalo de todas maneras. Te sorprenderá ver cómo los quehaceres pesados se te vuelven tan livianos que no los sientes: los gratos te serán verdaderos encantos; y lo más grande es que todas aquellas personas que están haciendo lo mismo que tú, en lugares distintos a ti, y que tú ni siquiera conoces, se benefician con las ondas de bondad que les estás enviando. Les haces la carga liviana, les comunicas tu buen humor, este bien te bendice a ti.

Tercera forma de orar sin cesar. De noche, cuando te acuestes a dormir, que sea tu último pensamiento: «Perdono a todo el que necesite mi perdón, y a mí mismo. Y, aunque sé que en el plano espiritual no existe nada que perdonar, perdono porque así transformo la idea del que cree hacerme el mal: invito a mis guías invisibles a utilizar mi sueño para yo hacer el bien donde sea oportuno. Gracias, Padre». Sería muy extraño que no te durmieras al instante, pues los guías agradecen tu buena voluntad de ayudar, te cubren con vibraciones de paz y dulzura hasta que estés profundamente dormido. El cuerpo astral, al estar dormido, se sale del cuerpo material, y a veces viaja a largas distancias. El subconsciente lo cuida extremadamente y, al iniciarse el menor peligro el menor ruido, lo atrae hacia su materia a gran velocidad.

Esos sueños que se tienen a veces, de que se está cayendo verticalmente, ocurren siempre en el último instante antes de despertar, y son cuando el cuerpo astral está regresando a su materia. No se tarda ni segundos. No hay que alarmarse. Tampoco te ha costado nada la ayuda que has ofrecido y que los guías han aprovechado. Si se recuerda haber soñado, y si el sueño es coordinado y muy claro, hay que escribirlo al despertar. Más tarde se olvidarán los detalles y es importante no perderlos porque la mayoría de las veces contienen mensajes del Maestro.

¿Has visto cómo se puede orar sin cesar y sin que interrumpa nada nuestra vida diaria? ¿Has visto cómo aprovechar todo lo que hasta ahora habías estado desperdiciando? Sólo así podrás darte el lujo de no asistir a clases o conferencias que se te ofrecen con tanto amor; ya que el espíritu de la Verdad se encargará de instruirte; y, aunque no acostumbro sugerir algo que contenga la más remota amenaza, es mi deber advertir que la frase aquella: «Son muchos los llamados y pocos los elegidos» se refiere a aquellos que, teniendo la gran fortuna de encontrarse con la oportunidad de aprender la Verdad, de recortar el largo recorrido de su evolución, y que por descuido, o por preferir cosas de menor valor que el adelanto espiritual, desprecian este esfuerzo y no vuelven, son los llamados que no han sido elegidos». No es por favoritismo por lo que no han sido elegidos, ya que en el espíritu todos son herederos del Reino. Es porque, como dice la parábola del sembrador: «La semilla que cae sobre la roca son los que cuando oyen reciben la palabra con gozo, pero éstos no tienen raíces, los cuales por algún tiempo creen, y en tiempo de tentación se apartan».

Cuando se deja perder la semilla, se pasan muchas vidas antes de que se vuelva a presentar la oportunidad y cerramos con la frase de mi maestro: «Si no encuentras tiempo que dedicarle a Dios, es porque todo tu tiempo estará dedicado a problemas y enfermedades».

Respecto al espiritismo

Uno de ustedes me hizo una pregunta. Si ya fuimos espiritistas en vidas pasadas, si fuimos médiums, videntes, claroaudientes, si nos proyectábamos y desdoblábamos, ¿por qué no conservamos la facultad ni recordamos nada de esto en la vida presente?

Muy sencillo. No siempre es así. Algunas personas conservan algo de la facultad psíquica, aunque no siempre de la misma forma en que se manifestó en una vida pasada, puesto que ella también va evolucionando. Por ejemplo, conozco a una persona que es médium de aporte. Ésta es una de las facultades de mayor adelanto entre todas las facultades psíquicas. Esto significa que ella tuvo facultades en una vida anterior, o en varias, y en ésta se le desarrolló la facultad de aporte. Ella no recuerda ninguna otra ni es vidente, ni claroaudiente. Ahora sabemos quién fue en su última encarnación y sabemos también que fue una gran clarividente.

Otra razón por la cual no recordamos es porque o la empleamos mal y se nos castiga en esta encarnación, o bien se nos borra para que podamos evolucionar en otras vías y que no nos distraigamos. Las facultades psíquicas son una gran tentación para el que tiene una misión diferente que cumplir. El plano astral es de por sí muy absorbente y en algunos casos muy interesante, pero en otros casos torturante. Las personas que comienzan a desarrollar las facultades a veces pasan pruebas y experiencias terribles. La Cuarta Dimensión, por ejemplo, agiganta y agudiza. De manera que si la persona está desarrollando la videncia ve formas gigantescas que se le vienen encima. Además a los «detractores», que es como se llaman los desencarnados que no tienen otra distracción que la de embromar a los nuevos médiums, les encanta asustar y hasta atemorizar. Se les presentan bajo formas espantosas, los persiguen y acosan, y así es como con la voz los desesperan con mil jugarretas, amenazas y tormentos.

Cuando una persona ha superado ya el plano de la Cuarta Dimensión, le borran las facultades psíquicas para que pueda evolucionar y adelantar en un plano superior. La Metafísica es un estudio científico que necesita paz y concentración. Está bajo los auspicios del Rayo Verde. Por eso se llama la «Verdad». Si estuviéramos sometidos a un tormento constante de desencarnados que no nos dejaran dormir con gritos y ladridos en el oído, dentro de la almohada, si de día nos persiguieran con molestias de toda índole, no podríamos estudiar ni practicar la Metafísica. Nos volveríamos locos, o, suponiendo que ya no nos molestarían en esa forma, nos interrumpirían constantemente para pedirnos tratamientos, ayuda. No nos sería posible elevarnos a un estado de conciencia positiva porque nos mantendrían la atención ocupada en planos de negatividad. Por esto yo les digo que, si están ustedes estudiando Metafísica en esta vida, significa que en las vidas pasadas ya superaron todas las sectas materialistas. (No crean que esto que acabo de decir es un absurdo.) Las religiones las hay materialistas como la católica, que es eminentemente material. Ella no tiene la menor idea de los Principios Creadores como el Mentalismo, Correspondencia y Causa-Efecto.

El uso de las palabras creadoras «Yo Soy»

Cuando un individuo piensa, siente, escribe o pronuncia las palabras «**Yo Soy**», inmediatamente despierta o alerta la atención de la energía vital en él y en todo lo que lo rodea. Parece que el Universo entero se detuviera ante esta señal, para proceder a manifestar, a darle forma a lo que viene después. ¿Por qué es esto? Porque las palabras «**Yo Soy**» son sagradas. Porque son eso precisamente, la señal establecida desde siempre hasta siempre, para indicarle a la energía vital que ha llegado el momento de **crear**. Crear algo por voluntad del Hijo de Dios que somos cada uno de nosotros.

La vida te obedecerá. Siempre ha obedecido al mandato, mental o audible, que está precedido de las palabras mágicas «**Yo Soy**». En Metafísica se dice que son el nombre de Dios Creador, y que por eso somos hechos a imagen y semejanza de Dios, ya que así se llama nuestro Yo Superior. Él, nuestro Yo Superior, es la **Presencia de Dios** en el sitio en que estamos. Y aquel que ya esté consciente de esto, aquel que emplee el «**Yo Soy**» a sabiendas, está con Dios. Por esto decimos que **uno con Dios es la mayoría**. Me refiero exactamente a que cuando una persona conoce ya el poder y el valor de este nombre, jamás lo usa para expresar un decreto negativo, una mentira, sino para hacer un bien, para transformar una situación indeseable, para expresar la Verdad, y la Verdad es uno de los aspectos de Dios.

Recuerden el Evangelio de San Juan, uno de los versículos más grandiosos de toda la Biblia, y el menos comprendido. Ahora lo van a ver claro:

«En el principio era el Verbo; y el Verbo estaba con Dios, y el Verbo era Dios. Todo fue hecho por él (el Verbo) y sin él nada ha sido hecho de lo que es hecho. En él estaba la vida... y el Verbo se hizo carne y habitó entre nosotros».

El Verbo es «Ser», Primera Persona. «**Yo Soy**». Ese Verbo es lo que se llama el Logos Creador. El que lo usa a sabiendas del poder que encierra, está con Dios, **es** Dios en el momento y sitio en que lo usa. Nada en el Universo se puede negar a cumplir el mandato. Por eso dice el versículo: «Está con Dios, **es** Dios». Cuando lleguen a sus casas léanse todo el capítulo para que gocen comprendiendo.

No hay maestro más grande que la propia experiencia. Ustedes todos saben que cada vez que hacen un tratamiento, cada vez que han logrado un verdadero milagro, yo les he dicho «no vuelvas a mencionar el problema o la situación o enfermedad curada». Los principiantes todos, al dar las gracias por el tratamiento, comienzan de nuevo a contar y comentar «porque usted no se imagina cómo era aquello...» y proceden a **reconstruir** los hechos que acabamos de desbaratar. ¡Gozan reconstruyendo! Esto les explicará el porqué de las recaídas, tanto en los problemas como en las enfermedades.

¡**Tienen** que quitarse el hábito de volver a las andadas! Me van a decir lo mismo de siempre: «¡Pero es que es muy difícil quitarse un hábito!» ¿Y qué culpa tengo YO que sea difícil? Claro que es difícil porque es eso mismo, un hábito, pero hay que quitárselo. Pero para cortarles camino voy a darles un lenitivo. Es más. Es la forma de impedir que el problema se ponga peor, pues si recuerdan bien, Jesús le decía a todo enfermo que curaba: «No vuelvas a pecar, no sea que tu situación posterior se haga peor que la anterior».

Cuando se ha logrado un magnífico resultado con la ayuda de una de las maestras, o de una de las discípulas ya conscientes, es porque ha habido todo un proceso muy bien construido por la persona consciente, ya que las principiantes están llenas de conceptos errados, llenas de ignorancia. Cuando ellas medio comprenden que sus propias palabras han destruido lo que se había ganado, procede a tratar de volver a hacer aquel tratamiento maravilloso y la oración que expresan es más o menos la siguiente: «¡Ay, Padre, no dejes que ese bandido desgraciado vuelva a hacer lo que tanto me hizo sufrir...!», o así: «Ay, Padre, no dejes que me vuelva la enfermedad que tantos años me tuvo así y así...». Lo cual es resucitar el problema y echarle leña al fuego recordando resentimientos y rencores. La manifestación que esto trae es mucho peor de lo que era antes del primer tratamiento. El remedio que les doy es el siguiente para que no caigan en peores errores:

Cuando ustedes vean que el problema regresó después de haber estado resuelto, o la enfermedad después de haber sido curada o mejorada notablemente, ya saben qué es lo que ocurrió. Entonces digan la oración o afirmación siguiente, **sin repetirla** porque es tremendamente poderosa:

«Yo Soy» la resurrección y la vida del decreto constructivo que hice respecto a esta situación; me perdono esta recaída. «Yo Soy» la ley del perdón y la llama transmutadora de todos los errores cometidos por mí y por toda la humanidad. Gracias, padre, que me has oído.

Y nunca les puedo repetir demasiado: cuiden sus palabras. ¡Cuiden sus decretos después de pronunciar el Santo y Mágico, poderosísimo «**Yo Soy**»!

*«**Yo Soy**» la resurrección y la vida de toda la gloria y el bien que yo conocí junto al padre antes de que este mundo existiera.*

«Yo Soy» perfecto

Ésta es la afirmación que expresa la más absoluta lealtad al Padre, a nuestro Yo Superior, y al Cristo en nosotros. **«Yo Soy» perfecto** (o perfecta). Sin embargo, los hay entre ustedes quienes no se sienten sinceros al expresarse así.

Les voy a explicar que si sienten dudas es porque están contemplando a la Conciencia terrena, lo que llamamos la conciencia carnal, y lo que es ésta jamás quiere aceptar lo espiritual. Es justo y natural. Se nos ha dado una conciencia carnal, terrena, para que podamos funcionar en lo material. Si no tuviéramos un intelecto y una conciencia terrena ¿cómo podríamos manejarnos en la Tierra? Seríamos fantasmas y no nos sentiríamos como si perteneciéramos a la Tierra. ¿Comprenden ustedes? Luego sucede que ella (la conciencia terrena y carnal) siempre está viendo los horrores que hacen los humanos, las guerras, las venganzas, los robos y atracos, los crímenes, los engaños, el odio, el desamor, en fin, todo lo que vemos a diario en todas partes, en los periódicos, en la televisión, radio, etc., y ella piensa con suma razón: «¿Y cómo vamos a aceptar el dicho de que somos perfectos?, ¡pero si somos infames! ¿Dónde está lo perfecto?». Y esto que acabo de decir seguramente ustedes, en especial las y los principiantes, lo encuentran perfectamente justificado.

Pues no, NO está justificado. A pesar de todo aquello que aparenta justificarlo, ustedes ya saben que decirlo, o pensarlo siquiera, equivale a un decreto categóricamente negativo. Ustedes ya saben que la gran Verdad está en el espíritu, y que el espíritu es perfecto. Ustedes ya saben que si declaran infame al Ser, y a través del Verbo ser, soy, somos, son, están mintiendo además de que están sentando un decreto o ley que ha de manifestárseles en la vida. Y aquí está el clavo del asunto. Si ustedes, al declarar y decretar que algo es infame e imperfecto, saben muy bien que eso va a manifestarse, pues declaren o decreten lo contrario, que es la Verdad, y también lo verán manifestado. Sobre todo que el repetirlo va formando el «momentum», o ímpetu que le dará más y más fuerza para manifestarse lo más rápidamente. A medida que lo repiten, a medida que ustedes se recuerden a ustedes mismas que el Yo Superior es Perfecto y que ésa es la Verdad, van grabándolo en el subconsciente, creándolo en consciente, afirmando con el supraconsciente y... el Verbo se hace carne; manifestándolo en todos los vehículos que ahora están creyendo la manifestación imperfecta.

Para que se vayan acostumbrando a la afirmación, comiencen diciendo: «**Yo Soy**» potencialmente Divino y Perfecto. Así están declarando la Verdad de todas las maneras, pero no se ofenden los oídos carnales que están creyendo la mentira de la imperfección. Además se ganan dos puntos maravillosos con esa afirmación. El primero es que se nos eleva la conciencia, cosa en que tanto insistimos que hagan ustedes; segundo, que da una euforia y una alegría tan agradable que es de recomendarle que empleen la afirmación para curarse del mal humor y de la murria cuando les ataque.

Meditación

Hay cuatro pasos en la meditación. Son cuatro galerías que se suceden cuando uno medita.

La primera es la imagen. Comenzamos a meditar y tenemos una imagen de lo que queremos saber, pensar, descubrir, etc. Digamos que vamos a pensar en el Cristo interior. La idea con que comenzamos se llama la Imagen. Es borrosa, mental y sentimentalmente hablando.

Luego, a los veinte segundos de estar pensando en la imagen nos viene una idea distinta, más clara, más satisfactoria. Esta se llama el Ideal. Ya tenemos una idea más lúcida de nuestro Cristo interior. No es una figura, entiéndase. Es un sentimiento, una comprensión.

En la tercera, a los veinte segundos de estar meditando sobre este sentimiento, o sea que mientras estemos sintiendo aquel sentimiento, siempre que no le quitemos la mente, pasa a la conciencia: vemos y sentimos más claramente. Ya casi podemos explicarnos en palabras. Se lo podríamos referir a un tercero. Le diríamos algo así: «Entré a un lugar más amplio, más abierto, más puro, donde no existe sino amor entre los seres».

En la cuarta, a los veinte segundos, tenemos una euforia; una felicidad, una gran paz, satisfacción, consuelo, contento, y ya estamos sonriendo y con la cara iluminada. Cualquier tercera persona que nos ve nos diría: «Esa es la realización». La idea se ha identificado con nuestro ser.

Emmet Fox dice: «No analices el Amor de Dios; siéntelo», y yo no quisiera tener que analizárselo a ustedes, sólo que a mí me fue muy útil la explicación que les acabo de dar y quiero que a ustedes también les sea útil y conveniente.

Ahora saben ustedes que no necesitan más de sesenta segundos para estar en contacto con Dios. Un minuto, ni más ni menos. Si tienen el interés y la paciencia de mantener la mente en un solo punto durante veinte segundos, sentirán los pasos que les he explicado.

Ya comprenden ahora por qué dice el doctor Emmet Fox que uno puede establecer su contacto con Dios aunque sea en medio de Times Square, y que no es indispensable aislarse en ningún lugar o estado de soledad porque si así lo acostumbras, verás que el día que más necesitas de Dios te encontrarás en medio de un tumulto o un terremoto.

Todo lo que hace falta es voltear el pensamiento hacia Dios, y a los veinte segundos ya se está en el **silencio**, en ese estado misterioso de que tanto hablan y ponderan los místicos, pues el silencio es simplemente un estado de paz, de amor, de confianza en Dios. Un instante de intimidad con él.

La voz de tu alma

*H*ay un viejo adagio que dice: «Dios tiene un destino para cada ser y, por supuesto, tiene uno para ti». El maestro Fox dice que el único problema que tenemos es encontrar nuestro sitio correcto en la vida. Que al encontrar esto, todo lo demás ocurre automáticamente. Que nos encontramos felices, saludables, porque se está saludable cuando se está feliz. Que estaremos prósperos y con toda la oferta necesaria para cubrir todas nuestras necesidades, lo cual implica que seremos completamente libres, pues no se puede ser libre mientras se está pobre. La pobreza está reñida con la libertad, y viceversa. Pero a pesar de que consigas toda la distinción y todo el dinero del mundo, si no estás en el sitio tuyo, el que Dios hizo para ti, no serás feliz.

Universo es armonía unificada. Un plan Divino. En un proyecto Divino no puede existir una pieza superflua, ni algo indeseado. No puede ser que Dios haya creado una entidad espiritual como tú sin un propósito especial. Esto significa que hay un sitio especial para ti, y como Dios jamás ni se repite ni se ha repetido aún (tus huellas digitales te lo comprueban) quiere decir que el sitio creado especialmente y nada más que para ti no lo puede ocupar nadie más que tú. No hay dos personas que se expresan de idéntica forma. Por esto es por lo que no puede existir realmente la pugna de competencias. No tiene que haber dos mil personas luchando por obtener un mismo sitio. Ese sitio es para una sola de esas personas, y existen mil novecientos noventa y nueve otras colocaciones para las demás.

Pero ¿cómo es que podemos conocer **nuestro** sitio propio? Puede que te consideres que no eres ninguna maravilla y dudes de que Dios te tenga alguna ocupación maravillosa. Tu vida es tal vez monótona, poco aventurada. Y estarás pensando que es muy poco probable que de pronto se llene de cosas bellas, espléndidas. Y suponiendo que fuera así, ¿cómo podrás hacer para averiguar la manera de realizarlo? La respuesta es sencilla como todo lo de Dios. Desde mucho antes de este momento, Dios te ha estado susurrando en tu corazón esa cosa maravillosa que él desea para ti. Esa cosa tan increíblemente adecuada y maravillosa se llama **el deseo de tu alma**, ni más ni menos. Aquel secreto que tú guardas en tu corazón, aquello que tú no te atreves ni a mencionar por temor de quedar en ridículo, ese deseo que te parece imposible realizar, ésa es la voz de tu alma. Es la voz de Dios que te llama para que ocupes el sitio que Él ha guardado para ti.

No te pongas a formular excusas respecto a que «tus obligaciones te hacen imposible hacer lo que tú quieras, etc.» o que «tu familia...», o las «condiciones en que naciste...». La verdad, confiésalo, es que estás frustrado, y la frustración es la esencia de la negatividad. Si se está frustrado no se está cumpliendo la voluntad del Padre; por lo tanto, en este momento estás ocupado en cosas que no son de tu agrado o satisfacción, y debes estar haciéndolas mal, o menos bien de lo que podrías hacerlas, ya que te estás obligando, y obligarse es distorsionar el alma. También estás privando a un gran sector de la humanidad de algo que tú sólo puedes darle.

«Por sus frutos los conoceréis». Si estás descontento, fastidiado, sin ilusiones, estás insatisfecho porque no estás ocupando tu sitio ni haciendo lo que te pertenece. De manera que el descontento es útil, puesto que te indica que debes orar científicamente para que se te presente **tu sitio**. Es algo que amas hacer. Es lo que más gozas haciendo.

Recuerda lo siguiente: ¡cuando Dios te llama a su Servicio, Él paga todos los gastos en el tipo de moneda que sea! Todo lo que te sea necesario para cumplir con tu misión, Dios lo provee. Dinero, oportunidades, conocimientos, entrenamiento, libertad, fuerza, valor, ¡**todo**! Siempre que estés dispuesto a unir tu voluntad a la suya.

La Voz de tu Alma es la Voz de Dios, y a esa voz hay que obedecer tarde o temprano.

El retrato de la conciencia terrena de hoy

Cada familia que se forma, cada pareja que se casa y tiene hijos, se dedica a acumular una fortuna. Esta fortuna la logra —si es que la logra— a costa, no sólo de trabajos y sacrificios, como de esfuerzos por ganarla con todos los trucos modernos de viveza, pajarobravismo, cobrando de más o afincándose cada vez que puede. Cada vez que el socio o comprador, o sea, que el pagador del momento es alguien rico, no se tiene en consideración que el pagador tiene un sinfín de obligaciones proporcionadas a sus medios. «Tiene plata y puede pagar», es la consigna. A su vez el pagador sabe que le van a cobrar de más y trata de sacar todo a mitad de precio, tratando de exprimir al vendedor del momento, dando por sentado que aquél lo quiere aprovechar, sea ésta la verdad o no, no importa, «hay que estar ojo pelao», es otra consigna. Allí tienen las dos consignas: «Tiene dinero y puede pagar, hay que sacárselo» y «Hay que estar ojo pelao, me lo quieren quitar». Es la conciencia de robo que impera por todas partes. Esta conciencia, como los pensamientos, se transmiten, entran y salen de las mentes y se quedan allí donde encuentren afinidades. Son recibidos por los atrasados, los de poca evolución y los impulsan al robo, al atraco y al crimen. Ésa es una de las razones del hamponato vigente.

Esta tensión constante de parte y parte hace que no se pueda pensar en otra cosa. La tensión se vuelca sobre el pobre cuerpo físico que se enferma con úlceras, porque la preocupación y el cálculo perduran a través de las horas de comida; con cáncer, porque el veneno de los disgustos lo absorbe el cuerpo, y los infartos, porque no se emplea para nada el amor del corazón que es el óleo que todo lo suaviza, todo cura. Todo lo contrario, mientras más inteligencia y menos sentimiento mejor es para el negocio. Podría yo continuar enumerando males causados por estas consignas, pero creo que bastan estos ejemplos.

Estas consignas y esta conciencia se extienden a través de todas las actividades de la vida. No es solamente en el negocio de compra y venta. En un hospital se atiende a un enfermo, se opera a otro con la vista puesta en su bolsillo. El único amor que se evidencia es el del médico y del cirujano hacia la labor de sus manos. Pero no es amor puro como sería el que este médico se desvelara por sus enfermos. Por supuesto que siempre hay quien obre con amor, pero la generalidad actúa lo mejor que puede por intereses creados. El cirujano opera lo mejor que puede por una combinación de interés en el asunto que está operando, e interés en su prestigio, y esto no es virtud, entiéndase. Poco le importa que lo tilden de ladrón aprovechador. La cosa es que digan «¡qué tronco de cirujano, no hay otro igual!», para que esta fama le permita poder cobrar lo que se le antoje sin consideraciones. El amor por su trabajo está, pues, empantanado por el lucro, y ¿para qué todo este lucro?; para comprar quintas, automóviles, viajes, ropa y muebles que a su vez suban el prestigio; para adquirir «peroles» que se hacen obligatorios porque todo el mundo los tiene. Se pagan los más caros colegios y se visten los muchachos con la ropa más lujosa que se desea adquirir. Este constante pugilato necesita que la mente esté todo el día ocupada en toda esa secuencia material. No se le da un instante de pensamiento a lo espiritual, a las condiciones que van a encontrarse del otro lado; ¡como si esto no existiera, ni fuera preciso considerarlo siquiera!

Del otro lado lo que se encuentra es lo siguiente: El cuerpo físico es una esponja que chupa los excesos mentales, anímicos y sensoriales. La excesiva emotividad la soportamos porque tenemos un cuerpo que absorbe. Nadie sabe que esta absorción se convierte en daños a los órganos y a la piel, los cuales se enferman. Son los achaques constantes de todos los humanos. Después de la muerte no hay cuerpo físico que chupe, y la emotividad incontrolada, mal educada, se desboca. El ser está más sensibilizado y siente todo profundamente. Oye todo lo que dicen de él, los que han quedado aquí. Como éstos no saben que el que murió los está oyendo, hablan y desbarran, exageran y calumnian a su antojo; el que los escucha se desespera porque no puede debatir ni desmentir. Pide a gritos volver a encarnar para quitarse la tortura y obtener el olvido que da la reencarnación, la inconsciencia de males pasados. Ése es el infierno, el que acabo de describir; es el purgatorio, si los males se soportan hasta que hayan salido y se hayan retirado.

Llega el día de la muerte y lo que interesa es que la viuda y los hijos hayan quedado bien «fondeados» a prueba de miseria o de estrechez. Se considera que a los muchachos se les ha dado una buena educación porque se les enseñó a conducirse en la vida con la misma serie de tácticas. Si es mujer, que se case con un chico de esas mismas condiciones. La forma de descansar la mente y los sentimientos agotados y deprimidos a fuerza del clima negativo en que se circula todo el día y todos los días es dando o asistiendo a una fiesta para levantar el ánimo a fuerza de «palos», que llamamos. En vez de liberar karmas —para eso se ha venido a la Tierra— se acumulan muchos más, los cuales se apelmazan sobre los anteriores ya existentes formando costras endurecidas que se llaman cristalizaciones. Éstas para ser disueltas requieren terremotos, inundaciones, cataclismos y esto es lo que está viendo la médium-vidente, pues los derrumbes que están ocurriendo en el plano de estas cristalizaciones se deben, primeramente, a la luz violeta que se está deslizando en algunas mentes, y después, a que está aumentando el número de personas estudiantes de Metafísica y por consiguiente, están negando defectos y afirmando virtudes. Esto esparce vibraciones análogas que actúan por donde quiera ellas hacen contacto con otras iguales.

«Como es arriba es abajo, como es abajo es arriba». Si aquí son imprescindibles grandes maquinarias para desbaratar rocas y cerros a fuerza de golpes, igual cosa sucede con esas construcciones cristalizadas. Necesitan golpes para ser desbaratadas; primero romperlas, segundo triturarlas y tercero limpiar y barrer el polvo, ahora que en el plano espiritual hay una condición más que no hay en lo terreno. Cada monstruosidad de ésas fabricadas por nosotros, por nuestras mentes y nuestros sentimientos tienen vida, piensan, oyen y hablan. Lo que piensan y dicen siempre es relacionado con el material que se les dio en el momento de su creación. Si fue una creación de furia, de odio y venganza en el momento en que se le libera hacia el aire, en el momento en que se desbarata la corteza que la aprisiona en nuestro subconsciente, ella sale al aire gritando todo lo que la fabricó. Ella no se quiere ir, ése es su creador y lucha por quedarse con él. Los médiums claroaudientes les oyen y creen que son personas que los están persiguiendo. Oyen en palabras los pensamientos que ellos mismos tuvieron hacia los demás y naturalmente, como todo se devuelve, los oyen y creen que son personas que los están persiguiendo. Oyen en palabras los pensamientos que ellos mismos tuvieron hacia los demás y naturalmente, como todo se devuelve, los oyen clamando contra ellos mismos. Esta llamémosla persecución dura un tiempo mientras la víctima aprende a rechazarla, a negar, a afirmar, a meditar, orar, emplear la llama violeta, etc. Pero si no son metafísicos, ¿cómo lo aprenden? Al fin se retiran, yendo a parar a otras cavidades humanas para quienes estos estados mentales son necesarios en su evolución. Parece que esto es un contrasentido, pero no lo es. A una persona muy tímida le hace falta un reflejo de decisión y pujanza. Se le dice reflejo a la actuación de esos pensamientos ya formados y establecidos en el subconsciente.

Ustedes ya saben que cada vez que se ofrece una oportunidad propicia, el subconsciente suple el reflejo necesario. Si nuestros pensamientos han sido buenos, correctos, felices, se produce un reflejo de bienestar y se manifiesta una situación feliz. Si han sido negativos se produce lo contrario.

Ahora por ley de acción y reacción, la excesiva timidez atrae su contrario, la reacción abre el campo para que entre y se aloje la fuerza contraria. En este caso es un beneficio que aquella creación de violencia, que ha soltado alguien que ya no la necesite, se vaya a alojar en la mente del tímido excesivo, porque la combinación produce un término medio. Cada condición actúa sobre la otra y produce el reflejo que le hacía falta a la persona tímida. Las personas que no son claroaudientes, no oyen a sus creaciones clamando contra ellos, pero en cambio sí sienten un malestar horrible de culpabilidad, de terror, que no saben explicarse; tampoco saben defenderse de aquello que ellas ni ven ni oyen, sufren mucho. Les atribuyen toda clase de razones que no son exactas. Se castigan y se culpan, hablan mucho en sus estados depresivos y esto los empeora. Por esto se dice que los iniciados sufren mucho. Pero la providencia cuida de ellos y encuentran quienes les enseñan estas cosas, encuentran maestros y a su Cristo. Son iniciados, y ya conocen el camino y la forma de actuar.

Yo ahora les estoy enseñando, para cuando ustedes se enfrenten a estos estados de conciencia antiguos de ustedes mismos, sepan a qué atenerse y sepan catalogarlos, sobre todo, que sepan transmutarlos, disolverlos con las luces, las cuales aprenderán en mi siguiente libro, *El maravilloso número 7*.

No puede ser tu deber...

Si estás tratando de vivir la vida espiritual tienes derecho a la paz de tu alma y al progreso armonioso. Si estas cosas te están fallando, pídele a la Sabiduría Divina que te demuestre el motivo del fallo.

Es tu deber dedicarle un tiempo razonable a la oración diaria en la forma de una meditación, o una lectura espiritual, o un repaso de tus afirmaciones preferidas, y vivir el resto de tu vida de acuerdo con la Voluntad Divina hasta donde puedas tú en este momento. Si en realidad estás cumpliendo con este deber sinceramente, no puedes hacer más y no tienes por qué angustiarte ni reprocharte, ni tener sensación de culpabilidad por el hecho de que no estés logrando lo que en este momento presente no te es posible.

En cambio: **no puede ser tu deber** hacer algo que está más allá de tus fuerzas o de tu alcance en el momento. Dios es tu Padre, y un padre amoroso nunca le exige lo imposible a un hijo que se comporta bien con Él.

No puede ser tu deber hacer lo que no tienes tiempo de hacer. Dios es la Sabiduría Infinita, que en la tierra se manifiesta por el sentido común, y no es sentido común esperar que se cumplan más deberes de los que caben en un día de veinticuatro horas.

No puede ser tu deber afrontar una deuda si no tienes cómo cancelarla. Si te estás enfrentando semejante situación, es que algo marcha muy mal en tus pensamientos. ¡Lo primero que es evidente es que tú crees que Dios es un ogro gigantesco que te lanzó al mundo con las manos atadas para que fracasaras de una vez por todas! Acuérdate del Salmo 46, que comienza diciendo: «Dios es nuestro refugio, nuestra fuerza y nuestra pronta ayuda en las tribulaciones». Luego termina diciendo: «Aquiétate y recuerda que **Yo Soy Dios**». Pero esto has de creerlo, afirmarlo, creyendo lo que afirmas, y no simplemente repetirlo como loro, pues *es tu fe la que mueve las montañas*.

No puede ser tu deber hacer algo que sacrifique tu propia integridad o tu progreso espiritual. Nadie en el mundo te puede obligar a mentir, por ejemplo, y **no es verdad** la apariencia de que no hay trabajo, o que no hay servicio, o que el dinero está muy difícil de ganar, o que «está dando mucho infarto y cáncer», etc. mentira, **mentira**, compruébalo tú mismo afirmando y creyendo lo contrario. No sacrifiques tu progreso espiritual ni tu propia integridad creyendo que ¡«las circunstancias» te hacen decir lo contrario!

No puede ser tu deber hacer hoy lo que en realidad pertenece al día de mañana. En el plano espiritual (que es la Verdad), no hay tiempo. No hay pasado ni futuro. Todo ocurre en el presente, y si tú piensas y dices (creyendo lo que dices) que hoy está resuelto todo, hoy están cubiertas todas las necesidades; hoy tienes toda la fuerza, toda la paz y toda la ayuda que necesitas; y que mañana será otro **hoy**, te darás cuenta de esa Verdad, como también comprenderás que nuestros temores son siempre para un mañana problemático. Jamás son para **hoy**. La Biblia dice: «Hoy es el día de la Salvación. Hoy es el día aceptado. Porque Dios vive en un eterno presente, jamás anda apurado, y siempre está «en un sonriente reposo».

No puede ser tu deber cumplir un «deber remoto» sacrificando un «deber cercano». Mateo 7, 1,5 dice «quita primero la viga de tu ojo, y entonces podrás ver para quitar la paja del ojo de tu hermano», porque si no limpias primero tu vista no podrás ver para ayudar al vecino.

No puede ser tu deber estar apurado, triste, desanimado, bravo, resentido o antagónico, **bajo ninguna circunstancia**. La Biblia dice: «El gozo del Señor es mi fuerza». Esto quiere decir que para tener éxito, para poder trabajar, para obtener nuestros logros, para ser felices, para nuestro bienestar y nuestro adelanto, tenemos que estar positivos, y positivo significa contentos; porque el Cristo dentro de nosotros no puede hacer nada por nosotros mientras estemos negativos. Él goza con nuestro gozo, y se aleja al nosotros permitirnos estar derrotistas.

Fin

Colección
Metafísica 4 en 1

Aunque muchos libros han sido escritos basados en las *Leyes del Pensamiento*, muy pocos son los que combinan estas leyes con la Verdad Espiritual.

Es precisamente esta combinación lo que constituye una renovación para el lector no especializado. La *Colección Metafísica Conny Méndez* le ayudará a tomar el control de su vida, le enseñará a manejar su inmenso poder interior y lo guiará a través de canales constructivos mientras que la salud y la prosperidad se incrementarán visiblemente.

Conny Méndez siempre creyó que las verdades espirituales, filosóficas y metafísicas debían ser expuestas con las palabras más claras y sencillas, de manera que hasta un niño pudiera comprenderlas. De allí que la autora haya intentado, tanto como le fue posible, evitar el uso de una terminología técnica especializada. Por esa razón nunca empleó una palabra de tres sílabas donde cupiera una de dos. Indudablemente, es otro motivo que explica el creciente e imparable éxito de esta poderosa *Colección Metafísica* que la autora nos dejó desde hace aproximadamente cincuenta años y que hoy sigue más vigente que nunca.

He aquí, pues, cómo los libros de Conny Méndez han capturado los corazones —y las almas— de millones de lectores de Metafísica en Latinoamérica, España, en la población de habla hispánica de Estados Unidos, así como de cientos de miles de lectores en naciones no hispanoparlantes que han comprobado que, en efecto, *la fe mueve montañas*.

Los editores

Volumen I	Volumen II	Volumen III
12 x 17 cmts.	12 x 17 cmts.	12 x 17 cmts.
352 pgs.	336 pgs.	320 pgs.
978-980-6329-47-8	978-980-6114-09-8	978-980-369-099-1

✔ Disponibles en www.connymendez.com

Colección Metafísica 4 en 1 en otros idiomas

ISBN:978-980-369-094-6

Inglés

ISBN:978-88-6324-137-2

Francés

Italiano

ISBN:978-980-6114-81-4

ISBN:978-486-471-460-0

Japonés

Vol. I, Tomo 1

Vol. I, Tomo 2

ISBN:978-88-6324-054-2

ISBN:978-486-471-461-7

✔ Disponibles en www.connymendez.com

2da Edición

2da Edición

Misterios Develados

La Mágica Presencia

Esta serie de libros está dedicada con el más profundo Amor Eterno y Gratitud a nuestro amado Maestro Saint Germain, la Gran Hermandad Blanca, la Hermandad del Royal Teton, la Hermandad del Monte Shasta, y a aquellos Maestros Ascendidos cuya ayuda amorosa ha sido directa e ilimitada.

El propósito de poner este libro en manos del público es para comunicarle al individuo el valor y la fuerza que ha de sostenerlo a través de este período de transición en que vivimos. *Misterios Develados* - Traducción y adaptación: Conny Méndez. Título original en inglés: *Unveiled Mysteries* por Godfré Ray King.

Formato 12x17 cmts. 272 pgs.
ISBN: 978-980-6114-10-4

Esta serie de libros está dedicada con el más profundo amor y eterna gratitud a nuestros amados Maestros Ascendidos, Saint Germain, Jesús, Nada, El Gran Divino Director, nuestro Amado Mensajero Ascendido, Guy W. Ballard, la Gran Hermandad Blanca, la Hermandad del Royal Tetón, la Hermandad del monte Shasta, los Grandes Maestros Ascendidos de Venus, los Grandes Seres Cósmicos, la Gran Hueste Angélica, La Gran Luz Cósmica; y todos aquellos otros Maestros Ascendidos, cuya ayuda amorosa ha sido directa y sin límites.

La Mágica Presencia - Continuación de *Misterios Develados*. Traducción y adaptación: Conny Méndez. Título original en inglés: *The Magic Presence* por Godfré Ray King.

Formato 13.3 x 20.0 cmts. 288 pgs.
ISBN: 978-980-6114-15-9

✔ Disponibles en www.connymendez.com

2da Edición   2da Edición

Metafísica al alcance de todos

El presente libro está escrito en lo que esta autora llama *Palabras de a Centavo*; es decir, en los términos más sencillos para que sea comprensible al que necesita conocer la Verdad de Dios y que no tiene conocimientos para poder digerir los textos de psicología y metafísica, tal como están escritos en castellano. Lleva contigo un ejemplar de este libro. Reléelo a menudo, sobre todo cada vez que se te presente un problema; cada vez que te enfrentes a una situación angustiosa o molesta. Te va a ocurrir algo asombroso y es que el libro se abrirá en la página que te conviene consultar, y pensarás: ¡*Parece que esto fue escrito para mí!*

Formato 13 x 20 cmts. 112 páginas.
ISBN: 978-980-369-23-6

Te regalo lo que se te antoje

El Secreto lo descubrió Conny Méndez hace más de 50 años y escribió este libro con su tradicional estilo positivo, buscando la prosperidad y sin olvidar lo más importante: el contenido espiritual. *Te Regalo lo que se te Antoje* (Caracas, 1969) no es otra cosa que el mismo secreto, sintetizado y adaptado para el idioma castellano, en palabras *de a centavo*, como ella solía decir, que responderá a muchas necesidades del ser humano.

Para comprender las enseñanzas de la Nueva Era y obtener plenamente los beneficios que ella encierra, se recomienda leer este pequeño libro donde se explica la forma correcta de orar en la vida, el Amor, el Dinero, la Vida, la Muerte, la Voz de tu Alma entre otros.

Formato 13 x 20 cmts. 160 páginas.
ISBN: 978-980-369-083-0

✔ Disponibles en www.connymendez.com

2da Edición   2da Edición

El Maravilloso Número 7

*E*l número siete simboliza el estado de totalidad e indica que se ha superado una etapa especial. Todo en la Creación recorre siete etapas de actividad y luego viene automáticamente un momento de descanso. El siete es un punto final para luego comenzar una nueva serie de siete pasos. Siete son los colores de nuestro prisma, los sonidos musicales, los días de nuestra semana, los dones del Espíritu Santo, los meses de gestación para sobrevivir, las edades del hombre para lograr su madurez, autoridad y libertad.

Ahora les presentamos en este libro algunos otros *Sietes* poco conocidos, pero muy importantes para el estudiante para su desarrollo espiritual y su evolución en este Sistema.

Formato 13 x 20 cmts. 160 pgs.
ISBN: 978-980-369-098-4

¿Quién es y quién fue el Conde Saint Germain?

*P*ara completar la primera etapa de la enseñanza Metafísica de la Nueva Era es necesario conocer quién es y quién fue el Conde Saint Germain. En esta obra la autora no pretende dar a conocer la última verdad respecto al Conde Saint Germain, ni al Maestro Ascendido Saint Germain, siendo los dos una misma persona. El propósito es aclarar primero, en lo que sea posible, ciertos enigmas que quedaron en las mentes después de la desaparición del Conde en el siglo XVIII, pero más importante es comunicar algunas revelaciones que le fueron encomendadas y trasmitidas por el propio Maestro Saint Germain.

Formato 13 x 20 cmts. 112 pgs.
ISBN: 978-980-369-85-4

✔ Disponibles en www.connymendez.com

2ᵈᵃ Edición

Piensa lo Bueno y se te Dará

*E*l contenido de esta obra es un mensaje positivo para la humanidad. La sencillez del tema inclina al lector a que asuma su éxito o su fracaso dependiendo, sin duda alguna, de la visión que posea de sí mismo y del mundo que lo rodea.

Las verdades más profundas pueden ser perfectamente comprendidas por toda persona mayor de diez años, siempre que le sean presentadas en lenguaje sencillo y en una forma que puedan aplicar a su vida diaria.

Formato 13 x 20 cmts. 112 páginas.
ISBN: 978-980-369-082-3

2ᵈᵃ Edición

El Libro de Oro de la Hermandad Saint Germain

*E*sta es la Sagrada Enseñanza que el Maestro Ascendido Saint Germain ha dispuesto para esta, Su Era de Oro, y que forma el Tercer Ciclo de Enseñanza de la Hermandad Saint Germain, después de lo cual el discípulo queda en conocimiento pleno de su Presencia «Yo Soy».

El Libro de Oro de Saint Germain - Traducción y adaptación original de Conny Méndez del libro en inglés: *The "I Am" discourses* por el Ascendido Maestro Saint Germain. El título en español *El Libro de Oro de Saint Germain* es original de Conny Méndez ©.

Formato 12 x 17 cmts. 320 páginas.
ISBN: 978-980-6114-85-2

✔ Disponibles en www.connymendez.com

2da Edición

El librito azul

2da Edición

El Nuevo Pensamiento

Este manual de metafísica en términos sencillos, está dirigido a quien necesite conocer la verdad de Dios. Está escrito en *palabras de a centavo*, como su autora solía decir, y se debe consultar constantemente, pero sobre todo cada vez que se presente un problema o se enfrente una situación angustiosa; en estos casos pasará algo asombroso, y es que el librito se abrirá en la página que se conviene consultar para propiciar la paz y la prosperidad.

En él encontramos temas muy variados como la mecánica del pensamiento, los decretos, la fe y el amor entre otros.

Esta publicación es una recopilación de las nueve revistas con el mismo nombre cuya directora y autora fue Conny Méndez en la década de los años 70. Es una lectura muy interesante para los estudiantes de Metafísica porque en ella se encuentran temas sumamente variados. Todo el empeño de lo que divulga el Nuevo Pensamiento Metafísico es acelerar lo más posible la venida de esa Edad de Oro y que todos los humanos puedan participar rápidamente de este tesoro.

Formato 13 x 20 cmts. 128 páginas.
ISBN: 978-980-369-087-8

Formato 13.3 x 21 cmts. 304 páginas.
ISBN: 978-980-6114-14-2

✔ Disponibles en www.connymendez.com

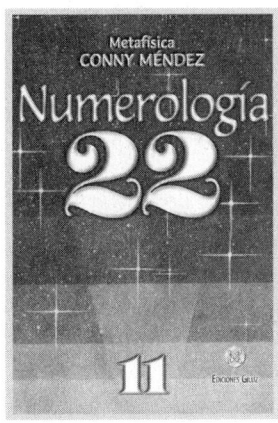

2ᵈᵃ Edición

La Voz del «Yo Soy»

Una vez que Conny Méndez terminó de publicar la revista *El Nuevo Pensamiento*, entre 1970 y 1972, continuó con la dirección y edición de pequeños folletos que denominó *La Voz del «Yo Soy»*. Recopiló varios artículos relacionados con el aprendizaje y aportó otros escritos por ella. Los nombres de los instructores de Metafísica que Conny formó para la continuación de la enseñanza están en una lista en el apéndice de la presente edición.

En esta revista, al igual que en la anterior, se ofrecen diversos temas que el estudiante metafísico supo agradecer y tiene como mérito el haber sido reproducida manualmente por la autora en un pequeño multígrafo casero de marca Gestetner procedente de Inglaterra.

Formato 13.3 x 21 cmts. 176 pg.
ISBN: 978-980-6114-42-6

2ᵈᵃ Edición

Numerología

Los números siempre han sido utilizados para prácticas adivinatorias porque se cree en la relación entre ellos, los humanos, las fuerzas cósmicas y las espirituales, lo cual ha dado como origen a la numerología.

Pitágoras, filósofo griego cuyas teorías aún están en uso hoy en día, decía que las palabras tienen un sonido que vibra en sincronía con la frecuencia de los números y algunos otros pensadores señalan que los números nada más no son para cuantificar lo que tenemos a nuestro alrededor.

Conny Méndez, por su parte, empleó la numerología como otra de las prácticas a las que se dedicó por la relación que tiene con la metafísica por lo que aquí les brinda este tratado de Numerología.

Formato 13 x 20 cmts. 112 pg.
ISBN: 978-980-369-088-5

✔ Disponibles en www.connymendez.com

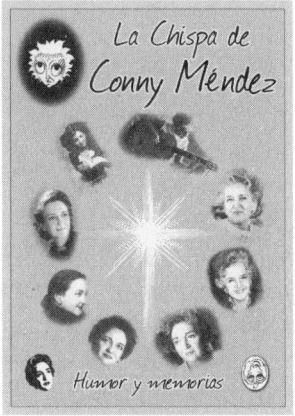

2ᵈᵃ Edición

Palabras de Los Maestros Ascendidos
Vols. I y II

Una vez más Conny Méndez nos obsequia su magistral traducción de los discursos pronunciados por los Maestros Ascendidos, que son todos aquellos grandes seres cósmicos de tal majestad y poder que difícilmente la mente humana puede captar.

El poder que manejan es ilimitado y en este justo momento se encuentran vigilando todas las actividades constructivas del mundo, dispuestos a liberar cualquier poder de sus Rayos de Luz cuando se requiera para dar protección a aquellos que sinceramente buscan y sirven a la Luz.

Cada discurso está poderosamente cargado con la Vida, la Luz y el Amor de cada Maestro Cósmico.

Formato 13.3 x 21 cmts. 184 pgs.
ISBN: 978-980-12-9823-6

2ᵈᵃ Edición

La Chispa de Conny Méndez
Humor y Memorias

La Chispa Venezolana de Conny Méndez, originalmente publicado en 1980, contenía sus memorias humorísticas *Las Memorias de una Loca* (Barquisimeto, 1955), su versión de la historia de Venezuela Histori-Comi-Sátira *Del Guayuco al Quepis* (Caracas, 1967) y el álbum de caricaturas *Bisturí* (París, 1931). En siguientes ediciones se insertó el cuento esotérico *Entre Planos* (Caracas 1958), se incluyó una Cronología que vincula los eventos más importantes en la vida de Conny Méndez con su producción artística y para finalizar se agregaron fotografías para ilustrar personas, momentos y rasgos artísticos de la polifacética Conny Méndez.

Formato 15 x 21.5 cmts. 272 páginas.
ISBN: 978-980-6114-43-2

✔ Disponibles en www.connymendez.com

Conny Méndez

La caraqueñísima Conny Méndez, dicho por ella misma, era una toera porque hacía de todo. Fue una venezolana fuera de lo común; es posible que muchos jóvenes no hayan oído nunca el nombre de esta extraordinaria mujer.

Fue bautizada como Juana María de la Concepción, para dejarlo en Conchita. Era hija de Eugenio Méndez y Mendoza, escritor y poeta de finísima calidad, y de Lastenia Guzmán de Méndez y Mendoza.

Conny estuvo adelantada a su época, y allá por el año 1927 cuando las mujeres fumaban a escondidas, ella lo hacía en público y decía que ya se lo agradecerían las caraqueñas algún día, según cuentan sus allegados.

Desde muy joven se dedicó a casi todo y más o menos por orden cronológico fue de la siguiente manera: Autora y Compositora. Su primera composición fue *La niña luna*, que realizó y a manera de ensayo. Posteriormente compuso *La Negrita Marisol, Yo soy venezolana, Venezuela habla cantando y Chucho y Ceferina*, por citar sólo cuatro, y esta última es considerada por muchos como ejemplo de música folklórica. Luego vinieron muchísimas otras, algunas de ellas de enorme difusión conocidas por toda Venezuela y como cantautora deleitó a millares de personas interpretando sus propias piezas durante muchísimos años, tanto en el país como en el extranjero.

Como caricaturista y cronista trabajó en la revista *Nosotras* en su columna Aquí entre nos. Conny también fue pintora; comenzó en este campo haciendo paisajes y retratos. Durante 10 años gozó "un puyero" con sus paletas, pinceles y demás yerbas (como se expresaba), y llegó a terminar un sinnúmero de obras cuyo paradero ella desconoció, dado que muchas se las llevaban "prestadas, y la gente, lamentablemente, tiene tan mala memoria", decía.

Como escritora se proyectó principalmente a través de su libro *Memorias de una loca*, publicado en 1955, que hoy se conoce como *La Chispa de Conny Méndez,* y que resultó todo un bestseller. Es una recopilación de lo más divertido que le había ocurrido hasta entonces.

Como si todo esto fuera poco hay que resaltar la dedicación casi total que Conny Méndez le brindó a su gran pasión: la Metafísica. Una vez que se encontraba a bordo de un tanquero que la traía desde Estados Unidos durante la Segunda Guerra Mundial, conoció a señora Pittier. Esta dama inició a Conny en el mundo de la Metafísica. El viaje resultó toda una odisea y, por supuesto, en muchos momentos hizo falta mucha fe en Dios para sobrellevar el peso del tremendo peligro que les acechaba. En esos momentos Conny y la señora Pittier hablaron mucho de Filosofía y de Metafísica. Al llegar a Venezuela –"milagrosamente" como dijo Conny–, se lanzó de lleno a la búsqueda de cualquier material literario que existiera sobre Metafísica. Leyó todo lo que cayó en sus manos y un día, profundamente conocedora de esta filosofía, fundó la Hermandad de Saint Germain que se extendió, primero, por toda Venezuela, y luego por toda Latinoamérica. Y en este campo siguió tan activa que viajó y dictó conferencias, y se comunicó con los miles de amigos que tenía en todas partes.

Su producción más notable la constituyen cuatro pequeños tomos de Metafísica: *Metafísica al alcance de todos, Te regalo lo que se te antoje, El maravilloso Número 7* y *¿Quién es y quién fue el Conde Saint Germain?*, recopilados en un solo volumen titulado *Metafísica 4 en 1*.

Por todas estas razones no se exagera un ápice al tildar a Conny como una venezolana totalmente fuera de lo común.

Funda en 1946 el movimiento de Metafísica Cristiana en Venezuela, consagrándose de lleno a la enseñanza esotérica a través de sus libros y conferencias. Fue condecorada en tres ocasiones con: Diploma y Botón de Oro Cuatricentenario, 1967; Diploma y Medalla de Buen Ciudadano, 1968; Orden Diego de Losada en 2a. Clase, 1976. Recibió además, en reconocimiento de su labor artística, cultural y humanitaria, numerosos homenajes y galardones, así como diversas placas en reconocimiento de su labor en el campo de la Metafísica Cristiana.

✠

Para más información por favor escriba o visite:
   E-mail: infolibros@metafisica.com
   Web: www.connymendez.com
   Instagram: @connymendez - https://conny.co/igr
   X: @connymendez - https://conny.co/x
   TikTok: @connymendezoficial - https://conny.co/tok
   Facebook: ConnyMendezMetafisica - https://conny.co/fb
   YouTube: @ConnyMendezMetafisica - https://conny.co/yt

Este libro se terminó de imprimir
en el mes de diciembre de 2024 en
Romanyà Valls, S.A.
Capellades (Barcelona).